# Experimentier-Buch

von Rainer Köthe · Illustriert von Peter Friedl

**175** Experimente aus Physik, Chemie und Biologie

Copyright © 2001 Tessloff Verlag, Burgschmietstr. 2-4, 90419 Nürnberg
www.tessloff.com
www.wasistwas.de

Wir danken Ronja, Clemens, Marie, Sergej, Felix und Anička für ihre Mithilfe.

**Hinweis:** Die Experimente in diesem Buch sind von Autor und Verlag sorgfältig ausgewählt und geprüft worden.
Dennoch kann keine Garantie übernommen werden.
Eine Haftung seitens des Autors oder Verlags ist ausgeschlossen.

**Illustrationen:** Peter Friedl, Berlin
**Gestaltung:** Susanne Gebert, Nürnberg
**Abbildungen S. 119:** arsEdition, München; Oculus, Wetzlar

Die Verbreitung dieses Buches oder von Teilen daraus durch Film, Funk oder Fernsehen,
der Nachdruck, die fotomechanische Wiedergabe sowie die Speicherung
und Verarbeitung in elektronischen Systemen
sind nur mit Genehmigung des Tessloff Verlages gestattet.

**ISBN 3-7886-0774-2**

# Vorwort

## Ein Wort an die Eltern

Ein Kind erforscht seine Umwelt. Es beobachtet seine Umgebung, befühlt Gegenstände mit Fingern und Lippen, prüft Geruch und Geschmack. Sein Antrieb ist die Neugier. Es probiert, wie viele Bauklötze es übereinander schichten kann, bevor der Turm umfällt. Es kneift die Katze in den Schwanz und lernt aus ihrer Reaktion, dass dies zu schmerzhaften Kratzern führt und daher nicht empfehlenswert ist. Die eigenen Beobachtungen und die Antworten der Erwachsenen und anderer Kinder verknüpfen sich im Laufe der Zeit zu einem Bild von der Welt.

Dieses Buch soll helfen, die Entdeckung der Welt fortzusetzen. Hier kann der junge Forscher untersuchen, wie sich Luft und Wasser, Licht und Schall verhalten, was die Eigenschaften von Wärme und Kälte, Magnetismus und Elektrizität sind, wie Pflanzen, chemische Stoffe und sogar der eigene Körper reagieren.

Alle 175 Experimente leiten sich aus einer häufig gestellten Frage her, allen ist gemeinsam, dass sie mit einfachsten Mitteln durchgeführt werden können – und oft ist das Ergebnis verblüffend. Bei jedem Versuch aber wird erläutert, wie dieses Ergebnis zustande kommt und was es für unser Verständnis von der Welt bedeutet.

Die meisten Versuche sind ungefährlich; wo Probleme auftauchen können, finden Sie entsprechende Ratschläge und Hinweise. Sie sollten sie genau beachten und eventuell mit ihrem Kind besprechen. Weisen Sie Ihr Kind bitte auch auf die Verwendungstipps in der Legende (Seite 5) hin.

Verfasser und Verlag wünschen viel Freude bei den Versuchen und hoffen, dass sie dazu beitragen, unsere Welt besser zu verstehen!

# Inhalt

| | | |
|---|---|---|
| 1 | Experimente mit Luft | 6 |
| 2 | Experimente mit Wasser | 16 |
| 3 | Experimente mit Wärme und Kälte | 26 |
| 4 | Experimente mit Schall | 40 |
| 5 | Experimente mit Licht | 46 |
| 6 | Experimente mit Mechanik | 64 |
| 7 | Experimente mit Magnetismus und Strom | 72 |
| 8 | Experimente mit Chemie | 90 |
| 9 | Experimente mit Biologie | 106 |
| 10 | Experimente mit deinen fünf Sinnen | 118 |
| | Stichwortverzeichnis | 124 |

# Legende

 Weißt du …

 Vorsicht, verbrenne dich nicht!

 Bei diesem Versuch sollte ein Erwachsener dabei sein.

 Tipp

## Zur Verwendung

Experimentieren macht Spaß. Aber natürlich nur, wenn man sich dabei nicht verletzt. Deshalb solltest du die Gefahrenhinweise ernst nehmen, die wir als Symbol (wie oben) oder schriftlich zu einzelnen Experimenten geben. Das gilt besonders für die Zeichen, die auf Feuer und Verbrennungsgefahr hinweisen (die Flammen) und die beiden Köpfe, die dir raten, einen Erwachsenen dabei zu haben. Die Weißt-du-Kästen geben dir zusätzliche Informationen zum Thema, und in den Tipps findest du Hinweise, wie ein Versuch eventuell besser klappt.

## Viel Spaß beim Experimentieren!

# Experimente mit Luft

Luft – dieses seltsame Ding soll am Anfang unserer Experimente stehen. Was ist das für ein eigenartiger Stoff, den wir ständig einatmen? Dünn ist er und durchsichtig, fast allgegenwärtig und normalerweise kaum zu spüren. Und dennoch trägt die Luft Vögel und Flugzeuge, kann als Sturmwind Dächer abdecken und Bäume entwurzeln.

ein Stoff, der genau wie feste und flüssige Stoffe einen Raum einnimmt und sich daraus nicht einfach verdrängen lässt.

## ❙ Ist eine leere Flasche wirklich leer?

*leere Flasche, Eimer*

Etwas ganz Alltägliches steht am Anfang unserer Experimente: eine leere Flasche. Aber ist wirklich gar nichts darin? Drehe die Flasche um und tauche sie mit der Öffnung nach unten in den mit Wasser gefüllten Eimer. Füllt das Wasser den Raum in der Flasche? Jetzt halte die Flasche ein bisschen schräg. Dabei quellen Luftblasen aus der Flasche und steigen an die Wasseroberfläche. Erst wenn du die Flasche so hältst, dass alle Luftblasen herausgekommen sind, füllt sie sich ganz mit Wasser.
Die Flasche war also gar nicht wirklich leer: Sie enthielt Luft. Und die Luft musste erst heraus, ehe das Wasser einströmen konnte. Luft, so zeigt dieses Experiment, ist

###  Weißt du …

… dass Luft aus einem Gemisch verschiedener Gase besteht? Der größte Teil (78 Prozent) ist Stickstoff, der zweitgrößte Teil (21 Prozent) Sauerstoff, den wir zum Atmen brauchen. Außerdem enthält die Luft Wasserdampf und eine Spur Kohlendioxid, das für die Pflanzen wichtig ist. All diese Gase bestehen aus Unmengen kleinster Teilchen, den Molekülen. In Gasen schwirren die Moleküle frei umher.
Auch Flüssigkeiten bestehen aus Molekülen – Wasser zum Beispiel aus Wassermolekülen. Sie sind weniger beweglich als die Gasmoleküle und halten stärker zusammen. Deshalb bleibt eine Flüssigkeit in ihrem Gefäß, passt sich aber dessen Form an. In festen Stoffen hängen die Moleküle ganz starr aneinander. Deshalb bleibt die jeweilige Form des Stoffes bestehen – es sei denn, man verformt sie durch kräftigen Druck oder erhitzt sie. Bei Hitze schmilzt ein Festkörper, verwandelt sich also in eine Flüssigkeit.

# 2 Kann man mit Luft Gewichte heben?

*großer, heiler Plastikbeutel*

Luft ist so leicht und flüchtig. Und dennoch kann sie Lasten tragen. Probiere es einmal aus: Lege den Plastikbeutel auf den Tisch und setze darauf zum Beispiel die voll gepackte Schultasche. Dann schnüre die Öffnung des Beutels zu einem möglichst kleinen Loch und blase kräftig hinein. Während der Beutel sich ausdehnt, hebt er die schwere Tasche in die Höhe.

Obwohl Luft selbst so leicht ist, kann sie schwere Gewichte tragen. Das kannst du auch im Alltag beobachten: Was pumpst du denn in deinen Fahrradreifen hinein? Und sogar ein Tonnen schwerer Lastwagen fährt letztlich nur auf Luft.

# 3 Hat Luft selbst ein Gewicht?

*2 Luftballons,
1 Kleiderbügel mit seitlichen Haken,
mehrere Stücke Nähgarn (je 20 cm),
2 kleine Plastiktüten,
etwas Sand*

Alle Stoffe haben ein Gewicht. Doch wie steht es mit der Luft – wiegt sie auch etwas? Und wie schwer – oder leicht – ist sie?

Um das herauszufinden, brauchst du eine sehr empfindliche Waage. Solche Waagen sind ziemlich teuer. Doch du kannst dir ganz leicht selbst eine bauen. Binde den Mittelhaken des Bügels an den Nähgarnfaden und hänge ihn irgendwo im Zimmer so auf, dass der Bügel frei schwingen kann. An jedes Ende hängst du eine der kleinen Plastiktüten. Außerdem bindest du mit Nähgarn an jeden Haken einen Luftballon.

Beide Ballons sind zunächst nicht aufgeblasen. Die Waage wird jetzt nicht waagerecht hängen. Fülle vorsichtig in die Plastiktüte der leichteren Seite Sand ein, bis die Waage genau gerade hängt.

Jetzt blase vorsichtig, ohne Sand zu verschütten, den rechten Luftballon auf und knote das Ende zu. Lässt du jetzt die Waage los, wird diese Seite herabsinken. Grund dafür ist das Gewicht der zusätzlich in den Ballon hineingepressten Luft. Luft ist also nicht gewichtslos; ein Liter Luft wiegt etwa 1,3 Gramm.

Bewahre die Waage gut auf; du kannst sie später noch mehrfach gebrauchen.

## 4 Wieso läuft die Flasche nicht leer?

*Flasche, Eimer (oder Schüssel)*

Dass Luft ein Gewicht hat, weißt du bereits. Jetzt wirst du sehen, welchen Druck sie mit ihrem Gewicht ausüben kann.

Fülle die Flasche vollständig mit Wasser und stelle sie umgekehrt in den wassergefüllten Eimer. Du wirst staunen: Solange die Öffnung der Flasche unter dem Wasserspiegel bleibt, läuft kein Wasser aus. Denn dann würde sich ja über dem Wasserspiegel in der Flasche ein luftleerer Raum bilden. Das aber verhindert der äußere Luftdruck: Er drückt das Wasser in die Flasche hoch.

Erst wenn du die Flasche so weit aus dem Wasser ziehst, dass von unten her Luft eindringen kann, fließt Wasser aus.

Wenn du aber die Öffnung der Flasche wieder vollständig unter Wasser hältst, stoppt der

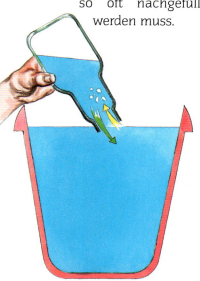

Wasserstrom sofort. Diese Versuchsanordnung eignet sich gut als Trinknapf für Vögel, der nicht so oft nachgefüllt werden muss.

Was meinst du: Wie lang müsste man die Flasche machen, bis das Gewicht des Wassers so groß ist, dass es den Luftdruck übertrifft?

Ein solcher Versuch ist mit einer langen, oben verschlossenen Glasröhre tatsächlich gemacht worden. Das Ergebnis: Die Wassersäule darin muss etwa zehn Meter hoch sein. Wenn die Röhre länger ist, bildet sich über dem Wasserspiegel darin ein luftleerer Raum.

## 5 Wie arbeitet ein Barometer?

*leeres Einmachglas, Luftballon, Gummiband, Strohhalm, Stecknadel, Papier*

Ein einfaches Luftdruck-Messgerät kannst du dir aus einem leeren Glas bauen.

Du spannst über die Öffnung ein Stück Luftballonhaut und

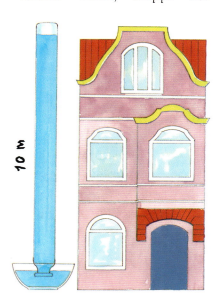

10 m

### ❓ Weißt du ...

*... dass wir am Grunde eines gewaltigen Luftmeers leben? Über uns erstreckt sich ein mehrere Kilometer hoher Ozean aus Luft. Und so leicht Luft auch ist: In solchen Mengen übt sie einen ziemlich starken Druck aus, den „Luftdruck". Auf jeden Quadratzentimeter unseres Körpers drückt die Luft mit einer Kraft, als ob ein Gewicht von einem Kilogramm darauf lastete. Dennoch werden wir unter dem Gewicht dieser Luftmassen nicht zerdrückt. Denn der Druck trifft uns nicht nur von oben, sondern auch von der Seite und von unten. Er wirkt durch das Atmungssystem sogar innerhalb des Körpers. Und weil alle Teile unter dem gleichen Druck stehen, merken wir nichts davon.*

# Experimente mit Luft

befestigst sie mit Gummiband. Das Glas stellst du dicht an die Wand des Zimmers an eine

Stelle, wo es immer etwa dieselbe Temperatur hat und nicht von der Sonne beschienen wird. Dann spießt du eine lange Stecknadel einige Zentimeter vom Ende entfernt quer durch den Strohhalm und steckst sie in die Wand.

Das kurze Ende des Halms klebst du vorsichtig auf die Mitte der Gummihaut, hinter das andere Ende klebst du eine Skala, wie es die Zeichnung zeigt.

Wenn sich der Luftdruck ändert, bewegt sich dieser „Zeiger" vor der Skala auf und ab. Steigt der Luftdruck, so drückt er die Gummihaut etwas mehr ins Glas und der Zeiger wandert nach oben – gutes Wetter ist in Aussicht. Sinkt hingegen der Luftdruck und damit der Zeiger, kündigt sich Regen an.

## 6 Trinkhalm als Pipette

*Trinkhalm, Glas*

Manchmal möchte man eine Flüssigkeit nur tropfenweise abgeben. Mit einem Trinkhalm und der Hilfe des Luftdrucks kein Problem: Tauche den Trinkhalm tief in ein wassergefülltes Glas ein, verschließe die obere Öffnung mit dem Finger und hebe ihn aus dem Glas heraus. Das Wasser bleibt im Halm. Erst wenn du den Finger vorsichtig hebst, läuft es hinaus, und mit etwas Geschick kannst du es in einzelnen Tropfen herauslassen. Grund dafür ist wieder der äußere Luftdruck, der das Wasser im Halm festhält, solange der Finger das obere Loch abdichtet. Würde Wasser auslaufen, entstünde im Halm ein luftleerer Raum; das aber verhindert der Luftdruck. Man nennt solch ein Tropfgerät „Pipette". Viele Pipetten haben oben ein Gummihütchen und unten eine feine Spitze; damit kann man zum Beispiel Arzneimittel genau tropfenweise abmessen.

## 7 Wie lässt sich Wasser mit Papier einsperren?

*Trinkglas, ein Stück einigermaßen wasserfeste Pappe*

Die Wirkung des Luftdrucks lässt sich an vielen Alltagserscheinungen beobachten. Sie kann mitunter verblüffend sein, wie dir der nächste Versuch zeigt.

Fülle ein Trinkglas bis zum Rand mit Wasser und bedecke die Öffnung mit der Pappe (es darf kein Loch bleiben!). Drehe dann das Glas um und drücke dabei etwas auf die Pappe. Da staunst du, was?

Obwohl das Gewicht des Wassers auf der Pappe lastet, bleibt sie doch am Glas hängen. (Allerdings nicht allzu lange, dann feuchtet sie durch und hält nicht mehr.)

Auch hier ist es wieder der äußere Luftdruck, der die Pappe von unten fest an den Glasrand presst und dadurch das Wasser einsperrt.

Er hält auch ein Glas an deinem Mund fest, wenn du die Luft heraussaugst. Er klebt Saughaken an der Badezimmerkachel fest. Und er macht es möglich, dass du mit einem Strohhalm trinken kannst: Wenn du oben durch Saugen einen „luftleeren" Raum schaffst, presst er die Flüssigkeit aus dem Glas den Halm hinauf.

**Tipp:** Diesen Versuch solltest du besser über einem Waschbecken ausführen, denn manchmal kann es dabei etwas feucht werden!

## 8 Was ist stärker: Luft oder Holz?

> dünne Holzlatte (etwa 10 cm breit) oder Holzlineal, einige alte Zeitungen, Handschuhe

Dumme Frage? Probiere es aus! Lege die dünne Holzlatte auf einen alten Tisch. Decke zwei völlig unbeschädigte Zeitungen darüber und streiche sie ganz glatt. Dann ziehst du vorsichtig die Latte hervor, so dass sie über den Tischrand ragt und schlägst mit der durch den Handschuh geschützten Faust kräftig auf das herausragende Ende.

Kein Erfolg? Kein Grund für Frust: Auch ein noch so kräftiger Mann könnte die Zeitungen nicht heben. Eher bricht das Holz.

Natürlich ist wieder der Luftdruck im Spiel. Durch den Schlag werden die Zeitungen einige Millimeter hochgehoben. Dadurch aber entsteht darunter ein Bereich mit verringertem Luftdruck. Und so presst der äußere Luftdruck Papier und Latte mit der Kraft vieler Kilogramme auf den Tisch.

Warum kannst du die Zeitung aber langsam hochheben? Weil dann die Luft genug Zeit hat, um nachzuströmen. So bildet sich kein luftleerer Raum, und die Wirkung des Luftdrucks kommt nicht zum Tragen.

## 9 Wie funktioniert ein Saugheber?

> Gummischlauch (etwa 1 m lang, möglichst durchsichtig), 2 große Einmachgläser oder 2 Eimer

Wenn du zu Hause ein Aquarium hast, kennst du das Problem: Regelmäßig musst du das Becken zum Teil leeren, um frisches Wasser einzufüllen. Ausschöpfen mit einem Becher aber dauert lange, und kippen lässt sich das schwere Ding schon gar nicht.

Doch es gibt einen ganz einfachen Trick, mit dem sich das Problem wie von selbst löst.

Fülle ein Glas mit Wasser und stelle es auf den Tisch. Das andere lässt du leer auf dem Fußboden stehen. Fülle den Gummischlauch vollständig mit Wasser (es darf keine Luftblase darin bleiben!). Kneife nun beide Enden zusammen und tauche ein Ende in das mit Wasser gefüllte Glas auf dem Tisch. Das andere Ende hältst du in das leere Glas und gibst dann die Öffnungen frei. Das Wasser strömt durch den Schlauch vom vollen ins leere Glas. Es überwindet dabei sogar die Schwerkraft, denn zunächst steigt es bis zur Höhe des Glasrandes empor.

# Experimente mit Luft

Wieder einmal ist unser alter Bekannter, der Luftdruck, im Spiel. Während nämlich das Wasser unten aus dem längeren Schlauchteil ausfließt, drückt er immer neuen Nachschub in den kürzeren Teil hinein, damit sich im Schlauch kein luftleerer Raum bildet.

Saugheber werden in der Technik viel benutzt. Ihren Namen haben sie, weil man bei trinkbaren Flüssigkeiten einfach mit dem Mund an der längeren Schlauchseite saugt, das Schlauchende kurz zukneift und ins tiefere Gefäß hält.

## ❓ Weißt du ...

... dass der Luftdruck mit zunehmender Höhe geringer wird? Das liegt daran, dass die Luftsäule über deinem Kopf abnimmt, je höher du steigst. Auf dem Gipfel der Zugspitze in knapp 3000 Metern Höhe zum Beispiel entspricht der Luftdruck nur noch einer Wassersäule von etwa sieben Metern.

## 10 Was zieht die Tischtennisbälle an?

> 2 Tischtennisbälle,
> 2 Bindfäden
> (je etwa 50 cm lang),
> Klebeband

Hänge die beiden Tischtennisbälle an den Bindfäden mit Klebeband so auf, dass sie einige Zentimeter voneinander entfernt sind. Was passiert, wenn du jetzt zwischen den Bällen hindurchbläst? Man sollte meinen, sie entfernen sich voneinander.
Doch in Wirklichkeit bewegen sich die Bälle wie von einer geheimnisvollen Kraft angezogen aufeinander zu.
Des Rätsels Lösung ist ein Naturgesetz, das nach seinem Entdecker, einem Schweizer Naturforscher, das „bernoullische Gesetz" heißt. Es sagt aus: Nimmt die Geschwindigkeit eines Gases zu, so sinkt der Druck in diesem Gasstrom. Daher ist der Druck in deinem „Pustestrom" geringer als außerhalb, und der äußere Luftdruck drückt die Bälle hinein.

## 11 Warum schützt eine Litfaßsäule nicht vor Wind?

> runde Flasche,
> etwa gleich große
> viereckige Flasche
> (oder Milchtüte), Kerze

**Vorsicht: Verbrenne dich nicht!**

Ärgerlich: Da sucht man hinter einer Litfaßsäule Schutz vor dem kalten Wind, der durch die Straßen fegt – und dann friert man trotzdem! Die Säule scheint den Wind nicht zu bremsen. Wie kommt das?
Stelle die brennende Kerze hinter die viereckige Flasche und puste kräftig gegen die Flasche. Nichts

geschieht, die Kerze brennt ruhig weiter. Nun wiederhole den Versuch mit der runden Flasche: Die Flamme erlischt! Ursache ist das bernoullische Gesetz: Der äußere Luftdruck presst den Luftstrom gegen die runde Flasche. Die strömende Luft schmiegt sich der Rundung an und fließt hinter der Flasche fast ungeschwächt weiter. Bei der viereckigen Flasche funktioniert das nicht: Ihre Kanten verwirbeln die Luft.

## 12 Warum schwebt der Tischtennisball?

*Föhn, Tischtennisball*

Mit diesem Trick kannst du sogar die Schwerkraft überlisten.
Halte die Öffnung des Föhns senkrecht nach oben, schalte ihn auf die stärkste Stufe und wirf einen Tischtennisball in den Luftstrom – er wird frei in der Luft schweben! Vielleicht musst du das ein paar Mal probieren, es hängt von der Geschwindigkeit des Luftstroms ab. Auf jeden Fall muss die Öffnung des Föhns rund sein.

### ? Weißt du ...

*... warum Flugzeuge fliegen? Viele Bücher behaupten, der Grund seien die gewölbten Flügeloberseiten. Dadurch müsse die Luft dort einen längeren Weg zurücklegen, ströme daher rascher, und nach dem bernoullischen Gesetz sinke daher dort der Luftdruck und ziehe den Flügel nach oben.*
*In Wirklichkeit ist die Sache komplizierter. Du kannst sie am besten verstehen, wenn du dir einen Hubschrauberrotor vorstellst. Seine Flügel stehen etwas schräg in einem bestimmten Winkel. Dreht er sich, „pumpt" er dadurch wie ein Propeller Luft nach unten – wie jeder weiß, der schon einmal unter einem startenden Hubschrauber gestanden hat. Und die abwärts strömende Luft erzeugt eine Gegenkraft, die den Rotor nach oben drückt. Der gleiche Effekt tritt bei einem Flugzeugflügel auf. Der rotiert zwar nicht, wird aber von den Turbinen durch die Luft getrieben und schiebt so die Luft nach unten.*

Falls eine flache Düse draufgesteckt ist, nimm sie ab.
Wieder wirkt hier das bernoullische Gesetz: Im Luftstrom herrscht geringerer Druck als außerhalb. Immer, wenn der Ball seitlich ausbrechen will, drückt ihn daher der äußere Luftdruck wieder zurück.

## 13 Ball und Trichter

*Plastiktrichter, Tischtennisball*

Auch dieser Versuch beruht auf der Wirkung des bernoullischen Gesetzes. Lege den Ball von oben in den Trichter und blase kräftig durch den Trichterhals. Kannst du den Ball wegblasen? Drehe jetzt den Trichter um (weite Öffnung unten). Halte den Ball hinein und blase wieder. Was geschieht, wenn du den Ball loslässt?
Wieder hält der Luftstrom den leichten Ball fest.
Wenn du geschickt bist und kräftige Puste hast, kannst du versuchen, den Ball auf einen Tisch zu legen, den Trichter darüber zu stülpen und durch Blasen in den Hals den Ball hochzuheben.

# Experimente mit Luft

## 14 Wie arbeitet ein Parfümzerstäuber?

*2 durchsichtige Trinkhalme, Glas*

Früher enthielten Spraydosen oft Treibgase, bis man herausfand, dass sie die Ozonschicht der Erde schädigen. Doch auch ohne Treibgas bekommt man Parfüm und andere Flüssigkeiten ganz leicht aus dem Behälter, wie dieser Versuch zeigt.
Stecke einen Trinkhalm in das mit Wasser gefüllte Glas, halte den zweiten Halm waagerecht an dessen obere Öffnung und blase kräftig hinein. Das Wasser im ersten Halm steigt, bei kräftigem Blasen sogar bis zur oberen Öffnung, so dass es in feine Tröpfchen zerstäubt wird.
Was geschieht hier? Der Luftstrom erzeugt einen Unterdruck, der äußere Luftdruck treibt das Wasser im Röhrchen hoch – Bernoulli lässt grüßen.

Luftballon aus, den Rückstoß. Die Stärke des Rückstoßes ist abhängig von der Menge und der Geschwindigkeit des ausströmenden Gases. Beim Düsenflugzeug sind es die Verbrennungsgase des Treibstoffs, die sich in der Hitze ausdehnen, mit hoher Geschwindigkeit aus den Düsen nach hinten strömen und so das Flugzeug vorwärts treiben.

## 15 Was treibt ein Düsenflugzeug vorwärts?

*Luftballon*

Das hast du bestimmt schon einmal ausprobiert: Blase einen Luftballon auf und lasse ihn dann los. Er wird wie ein geölter Blitz im Zimmer umherschießen, bis die Luft entwichen ist. Wie kommt das? Die unter Druck ausströmende Luft übt eine Kraft auf den

###  Weißt du ...

... dass auch Raketen und Raumfähren nach dem Rückstoßprinzip funktionieren? Denn nur so können sie sich durch das luftleere Weltall bewegen. Sie haben besonders leistungsstarke Triebwerke und führen die zur Verbrennung des Treibstoffs nötige Luft in Tanks mit. Flügel brauchen sie im Weltraum nicht, höchstens für Start und Landung auf der Erde.
Das Rückstoßprinzip nutzen aber auch einige Wassertiere. Kraken zum Beispiel saugen rhythmisch Wasser in den Körper und pressen es dann unter hohem Druck hinten heraus – so schießen sie ruckartig vorwärts. Ganz ähnlich pulsieren auch Quallen durchs Meer, nur ziehen sie sich viel gemächlicher zusammen.

## 16 Was geschieht, wenn Luft erwärmt wird?

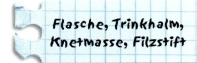
*Flasche, Trinkhalm, Knetmasse, Filzstift*

Fülle die Flasche zu einem Viertel mit Wasser. Schiebe den Trinkhalm durch die Öffnung, bis er unten ins Wasser taucht, und dichte die Flaschenöffnung mit Knetgummi luftdicht ab. Dann fülle vorsichtig durch den Halm so lange Wasser hinzu, bis es im Halm oberhalb des Knetgummis erscheint. Markiere dir diese Stelle mit einem Filzstift.

Erwärme nun mit beiden Händen die Flaschenwand über der Wasseroberfläche (ausprobieren – sonst: stelle die Flasche in eine Schüssel mit heißem Wasser). Das Wasser im Halm steigt.

Fast jeder Stoff dehnt sich aus, wenn er erwärmt wird, und Luft macht keine Ausnahme. Durch ihre Ausdehnung treibt sie das Wasser in dem Halm empor. Kühlt sie ab, zieht sie sich wieder

zusammen, und das Wasser im Halm sinkt. Wenn du an den Halm eine kleine Skala klebst, hast du ein Thermometer. Vergleiche die Wasserstände, wenn du die Flasche an einem kühlen Tag ins Freie stellst oder wenn sie im Zimmer in Heizungsnähe steht. Du musst allerdings jedes Mal mindestens eine Stunde warten, bis Flasche, Wasser und Luft die Umgebungstemperatur angenommen haben.

**Tipp:** Gib ein paar Tropfen Lebensmittelfarbe oder Tinte ins Wasser. Dann kannst du den Wasserstand leichter ablesen.

## 17 Warum steigt warme Luft auf?

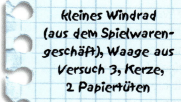
*kleines Windrad (aus dem Spielwarengeschäft), Waage aus Versuch 3, Kerze, 2 Papiertüten*

**Vorsicht: Verbrenne dich nicht!**

Du hast sie bestimmt schon oft gesehen, die großen bunten Heißluftballons, die an schönen Sommertagen über den Himmel schweben. Und sicher kennst du auch die Weihnachtspyramiden, die sich so schön im Kerzenlicht drehen. Wusstest du, dass beide von warmer Luft angetrieben werden?

Halte ein Windrad über eine heiße Herdplatte oder über eine brennende Kerze. Es beginnt sich zu drehen. Normalerweise dreht sich das Windrad, wenn es von Wind, also einem Luftstrom, getroffen wird. Offenbar steigt auch von der Flamme oder der

### Weißt du ...

... dass auch viele Zimmer- und Fieberthermometer mit Hilfe der Wärmeausdehnung von Stoffen funktionieren? Sie bestehen meist aus einer dünnen Glaskugel und sind mit gefärbtem Alkohol oder flüssigem Quecksilber gefüllt. Die Glaskugel ist klein, damit sie schnell die jeweilige Umgebungstemperatur annimmt. Erwärmt sie sich, dehnt sich die Flüssigkeit im Innern und steigt im Röhrchen empor, kühlt sie ab, sinkt der Flüssigkeitspegel. Weil das Glas leicht zerbrechen kann und dann giftiges Quecksilber freisetzt, benutzt man heute oft elektronische Thermometer, die ganz anders arbeiten: Sie messen, wie gut ein bestimmtes Material den elektrischen Strom leitet. Mit der Temperatur ändert sich auch die Leitfähigkeit des Materials.

# Experimente mit Luft

Herdplatte ein Luftstrom auf. Den Grund dafür hast du im vorigen Versuch kennen gelernt: Erwärmte Luft dehnt sich aus. Das bedeutet, dass eine gleich schwere Luftmenge jetzt größeren Raum einnimmt. Damit ist sie leichter als vorher und auch leichter als die kühlere Luft um sie herum. Sie steigt daher auf wie eine Luftblase im Wasser.

Über einer Wärmequelle steigt dauernd warme Luft empor und dieser warme Luftstrom setzt das Windrad in Bewegung.

Du kannst mit deiner empfindlichen Waage den Gewichtsunterschied sogar nachweisen: Hänge an beide Enden Tüten mit der Öffnung nach unten, bringe die Waage ins Gleichgewicht und halte vorsichtig unter eine Tüte eine brennende Kerze. Die aufsteigende warme, leichtere Luft füllt die Tüte und diese Seite der Waage hebt sich.

**Tipp:** Sage nie, ein Ballon „fliegt". Ballonfahrer legen großen Wert darauf, dass ein Ballon (wie auch ein Zeppelin) „fährt"!

## 18 Warum wird eine Luftpumpe heiß?

Fahrrad-Luftpumpe

Ein Experiment, das du vermutlich schon oft ausgeführt hast: Lasse aus dem Reifen deines Fahrrads die Luft und pumpe ihn dann wieder auf. Was bemerkst du an der Luftpumpe?

Sie wird heiß! Und das Ventil auch (Vorsicht, man kann sich beim Zuschrauben leicht daran verbrennen!).

Jedes Gas – also auch die Luft – wird wärmer, während man es „verdichtet", also den Druck erhöht. Umgekehrt würde es beim „Expandieren", also beim Verringern des Drucks, abkühlen.

Der Dieselmotor macht sich diese Eigenschaft der Gase zunutze. Er presst die Luft in den Zylindern kräftig zusammen. Sie wird dadurch so heiß, dass der hineingespritzte Treibstoff ohne Zündkerze entflammt (deshalb nennt man den Dieselmotor auch „Selbstzünder").

## 19 Warum platzt der Luftballon nicht?

Luftballon, spitze Nadel, Klebeband

Luftballons müssen eines fürchten: spitze Gegenstände. Peng – und sie sind nur ein schlaffes, zerrissenes Häutchen.

Doch es gibt einen Trick, wie man ohne Peng! eine Nadel hineinstechen kann. Klebe einfach an eine Stelle des aufgeblasenen Ballons ein briefmarkengroßes Stück Klebeband. Wichtig ist, dass es an allen Stellen gut haftet! Stichst du jetzt durch den Klebefilm hinein, zischt die Luft leise durch das kleine Loch hinaus, aber der Ballon platzt nicht.

Grund dafür: Die Gummihülle des Ballons steht unter starker Spannung, aber die Gummiteilchen halten sich sozusagen gegenseitig

> **? Weißt du ...**
>
> ... dass der Beginn der Luftfahrt auf den 21. November 1783 datiert wird? Damals stieg zum ersten Mal eine „Montgolfière", ein Heißluftballon, mit zwei jungen Franzosen an Bord in die Höhe. Er bestand aus einem mit Leinen beklebten Papiersack, an dem eine Gondel hing. Darin brannte ein Feuer und füllte den Ballon mit heißer Luft.

fest. Wenn die Nadel dieses Gleichgewicht an einer Stelle stört, bricht alles zusammen. Der Klebefilm aber sorgt für Stabilität, denn er hält die Gummiteilchen trotz Loch zusammen.

# Experimente mit Wasser

Zwei Drittel unseres Erdballs sind von Wasser bedeckt. In einem ewigen Kreislauf verdampft das Meerwasser, der Wasserdampf kondensiert zu Regenwolken, die mit dem Wind über das Land treiben und dort abregnen. Die Regentropfen sammeln sich zu Rinnsalen, Bächen und Flüssen und strömen wieder ins Meer.
Wasser ist lebenswichtig für Pflanzen, Tiere und Menschen. Und es besitzt einige bemerkenswerte Eigenschaften.

## 20 Wie viele Büroklammern passen in ein volles Glas Wasser, ehe es überläuft?

*Büroklammern aus Metall, Glas*

Schätze erst einmal die Zahl. Fülle dann das Glas bis zum Rand mit Wasser und stecke vorsichtig eine Büroklammer nach der anderen hinein – so lange, bis es überläuft. Dann liegen vielleicht schon einige Dutzend Klammern auf dem Glasboden. Hast du geahnt, dass so viele Klammern hineinpassen?
Wenn du von der Seite auf das Glas schaust, siehst du auch den Grund: Die Wasseroberfläche wölbt sich wie ein aufgeblasener Luftballon nach oben. Es sieht aus, als wäre sie von einer unsichtbaren Haut bedeckt.

## 21 Kann die Wasserhaut sogar Metallgegenstände tragen?

*Schüssel, Nähnadel, Rasierklinge, Büroklammer*

Die Oberfläche des Wassers ist erstaunlich tragfähig, das zeigt dir dieses Experiment.
Spüle die Schüssel mehrfach mit klarem Leitungswasser aus und fülle sie dann damit. Lege nun ganz, ganz vorsichtig eine Rasierklinge, eine Büroklammer und eine Nähnadel auf das Wasser. Jeder dieser Gegenstände besteht aus Eisen, das etwa achtmal so schwer ist wie Wasser. Trotzdem bleiben sie, wenn du sie sorgfältig genug aufsetzt, auf der Wasseroberfläche liegen. Wie im vorigen Versuch scheint es, als ob diese von einer dünnen Haut überzogen wäre.
Diese feine tragfähige Haut besteht aus Wasser: Die kleinsten Teilchen („Moleküle") des Wassers ziehen sich gegenseitig stärker an als die Moleküle der Luft (siehe Seite 6). Sie möchten am liebsten zusammenbleiben und sich nicht durch eine Büroklammer voneinander trennen lassen. Man nennt diese Erscheinung „Oberflächenspannung", weil sich das Wasser wie eine gespannte Haut verhält.
In der Natur spielt die Oberflächenspannung des Wassers eine wichtige Rolle. Sie sorgt zum Beispiel dafür, dass sich kleine Wassertröpfchen zu großen Regentropfen zusammenfinden und dass „Wasserläufer" – das sind kleine Insekten auf Tümpeln – nicht einsinken, wenn sie über die Wasseroberfläche flitzen.

## 22 Wie verändert Seife das Wasser?

*Schüssel, Nähnadel, Büroklammer, Seife oder Geschirrspülmittel, Streichhölzer*

Wiederhole den vorigen Versuch. Aber wenn die Metallteile schön schwimmen, gib ein bisschen Seife aufs Wasser oder einen Tropfen Geschirrspülmittel. Sofort sinken sie ab. Seife und Geschirrspülmittel zerstören das Oberflächenhäutchen des Wassers, denn sie verringern die gegenseitige Anziehungskraft der kleinsten Wasserteilchen: Die Seifenmoleküle bilden eine Art Kugel um jeweils einige Wassermoleküle und schirmen sie so von den anderen Wassermolekülen ab. Deswegen ist es bei Versuchen mit der Oberflächenspannung so wichtig, dass die Gefäße frei von Spülmittelresten sind.

Ein lustiger Versuch zeigt dir, wie sich die Oberflächenhaut zusammenzieht. Lege vorsichtig einige Streichhölzer so auf die Wasseroberfläche einer sauberen Schüssel, dass sie einen Stern bilden. Tropfst du jetzt etwas Spülmittel ins Zentrum dieses Sterns, schießen die Hölzchen nach außen weg. Vergleichbar dem Gummihäutchen eines platzenden Luftballons, reißt nämlich das Oberflächenhäutchen und setzt die Streichhölzer in Bewegung.

**Tipp:** Wenn du Probleme hast, eine Büroklammer auf der Wasseroberfläche zu platzieren, spüle die Schüssel zunächst gründlich mit reinem Wasser aus, damit jeder Rest von Spülmittel verschwindet. Dann legst du etwas Seidenpapier aufs Wasser und darauf die Büroklammer. Das Papier saugt sich bald voll und taucht ab, die Klammer bleibt (mit etwas Glück) liegen.

## 23 Warum sinken Enten im Wasser nicht ein?

*Vogelfedern, Seife, Schüssel, Speiseöl*

Enten haben ein ganz schönes Gewicht – du kannst ja einmal ein tief gefrorenes Exemplar im Supermarkt anheben. Ganz schön schwer, das Tier, nicht wahr? Wieso versinkt sie dann nicht wie ein Stein im Wasser? Ganz einfach: Sie hat eine Art Schwimmring, nämlich ihr luftgefülltes Gefieder. Tauche eine Vogelfeder ins Wasser und ziehe sie wieder heraus. Sie wird praktisch trocken sein, die wenigen anhaftenden Wassertropfen kannst du leicht abschütteln. Tauche sie jetzt in Seifenwasser ein und ziehe sie wieder heraus. Jetzt bleibt die Feder nass und ist deutlich schwerer geworden. Fülle die Schüssel mit reinem Wasser, gib zwei Esslöffel voll Speiseöl darauf und tauche die zweite Feder ein. Ziehst du sie heraus, tropft sie vor Öl und ist ebenfalls schwerer geworden.

Fett oder Öl und Wasser mischen sich nicht. Deshalb fetten Wasservögel ihr Gefieder regelmäßig mit Öl ein, das eine besondere Drüse produziert. So kann das Wasser nicht zwischen die Federn dringen. Seifenwasser aber

hat eine verringerte Oberflächenspannung und dringt dennoch ein: Die Ente würde untergehen oder auch erfrieren, weil sie ihr Gefieder selbst an Land so schnell nicht wieder trocken bekommt.
Und auch Öl dringt leicht ins Gefieder ein. Deshalb haben Seevögel bei einer Ölpest kaum eine Chance.

## 24 Weshalb wäscht man sich mit Seife?

*Seife, Geschirrspülmittel, Streichhölzer, Speiseöl, 2 leere Flaschen*

Mit Seife werden deine Hände viel sauberer, als wenn du sie mit reinem Wasser wäschst. Auch das hängt mit der Oberflächenspannung zusammen.
Gib einige Tropfen reines Leitungswasser auf dein Taschentuch oder deinen Mantelstoff. Sie werden als klare Tropfen hängen bleiben und nur langsam in den Stoff eindringen. Jetzt wiederhole den Versuch mit Seifenwasser. Sofort sind die Tropfen verschwunden: Wegen der verringerten Oberflächenspannung dringt das Seifenwasser in die Fasern ein. Deswegen eignet es sich besser zum Waschen als reines Wasser: Es wandert selbst in die kleinsten Hohlräume und löst dort die Schmutzteilchen heraus – in den Wäschefasern oder auf deiner Haut. Die Schmutzreste werden ebenso von Seifenmolekülen umhüllt wie die Wassermoleküle, bleiben daher im Seifenwasser schweben und werden schließlich weggespült.
Fülle eine leere Flasche halb mit Wasser und gib einige Millimeter hoch Speiseöl darauf. In die andere Flasche füllst du ebenso Wasser und Speiseöl, gibst aber noch ein paar kräftige Spritzer Geschirrspülmittel dazu. Dann verschließt du beide Flaschen, schüttelst sie gründlich und lässt sie stehen. Wie unterscheiden sie sich nach einigen Stunden?
Reines Wasser und Öl mischen sich nicht, sondern trennen sich nach einiger Zeit wieder. Das Spülmittel aber umhüllt die Öltröpfchen. Es verhindert, dass sie wieder zu großen Tropfen zusammenfließen, und hält sie in der Schwebe. Deshalb lassen sich Fettreste mit Spülmittel-Wasser viel besser entfernen als mit reinem Leitungswasser.

## 25 Warum klettert Wasser in Papier hoch?

*1 dünner und 1 dicker Trinkhalm, 2 kleine Glasscheiben, Streichholz, Gummiband, Teller, Löschpapier, Kerze, Butter*

Tauche den unteren Rand von einem Stück Löschpapier ins Wasser. Es klettert sofort darin hoch, als ob es keine Schwerkraft gäbe. Wie kommt denn das?
Tauche einen dünnen und einen dicken durchsichtigen Strohhalm ins Wasser und beobachte, wie weit über die Wasseroberfläche das Wasser innerhalb des Halmes emporkriecht.
Stelle zwei kleine Glasscheiben

### Weißt du ...

*... dass Waschpulver aus einer Fülle von Stoffen besteht? Manche wirken wie Seife, das sind die eigentlichen Waschmittel. Andere helfen, Fett- oder Farbflecken zu entfernen. Zusatzstoffe binden den im Wasser gelösten Kalk, damit er sich nicht auf den Fasern oder in der Waschmaschine ablagert, und zerstören Bakterien in der Schmutzwäsche. Aufhellungsmittel lassen die Wäsche weißer erscheinen und Parfümzusätze sorgen dafür, dass sie gut duftet.*

# 2 Experimente mit Wasser

mit einer Kante aneinander und klemme zwischen die entgegengesetzten Kanten ein Streichholz. Befestige das Ganze mit einem Gummiband und stelle es in einen Teller voll Wasser. Auch hier steigt das Wasser an der engsten Stelle am weitesten empor. Noch enger sind die Räume zwischen den einzelnen Fasern von Papier.

Wasser hat das Bestreben, an anderen Gegenständen hängen zu bleiben. Diese Kraft heißt „Adhäsion". Deshalb steigt es besonders gern in engen Räumen empor, wo die Wände ganz nahe beieinander sind – zum Beispiel in Papier, zwischen Glasscheiben oder in dünnen Röhrchen.

Allerdings ist die Adhäsion nicht bei allen Materialien gleich groß: Tauche deinen Finger, eine Kerze und ein Stück Butter kurz ins Wasser. Nur der Finger ist nach dem Herausziehen nass; Kerze und Butter hingegen nehmen das Wasser nicht an.

## 26 Warum läuft Tee beim Einschenken so gerne an der Kanne herunter?

**zwei Glasplatten, Tee- oder Kaffeekanne**

Das ist dir sicher auch schon oft passiert: Du willst Tee in die Tasse gießen. Aber statt „auf dem Luftweg" dort anzukommen, rinnt er am Hals der Kanne entlang und landet auf dem Tischtuch. Auch dies ist ein Streich der Adhäsion: Der Tee bleibt an Glas oder Porzellan haften. Sich davon zu trennen, fällt ihm offenbar schwer. Ähnlich wie bei der Oberflächenspannung sind die Anziehungskräfte zwischen den Molekülen die Ursache. Hier allerdings nicht nur zwischen den Wasser- (bzw. Tee-)molekülen, sondern vor allem zwischen Tee und Porzellan.

Du kannst dich von der Kraft zwischen Wasser und Glas leicht überzeugen: Tropfe etwas Wasser auf eine Glasplatte und lege eine zweite Platte darauf. Das Wasser verteilt sich als dünne Schicht zwischen den Platten. Wenn du nun versuchst, die Platten auseinander zu ziehen, musst du viel Mühe aufwenden, um die Adhäsionskraft zu überwinden.

### Weißt du …

… dass auch Klebstoffe die Adhäsion nutzen? Sie haften so gut, weil zwischen den Klebstoffmolekülen und den Molekülen der zu klebenden Stoffe starke Anziehungskräfte wirken. Die Klebstoffmoleküle ziehen sich aber auch gegenseitig an und bilden so eine stabile Schicht. Heute wird oft geklebt, wo man früher geschweißt oder genietet hat – es ist einfacher und ebenso haltbar.

### 27 Was geschieht, wenn sich Stoffe in Wasser auflösen?

*2 Gläser, Salz, Zucker, Teelöffel*

Fülle beide Gläser mit lauwarmem Wasser. Schütte ins erste Glas einen Teelöffel voll Salz, ins zweite Glas die gleiche Menge Zucker und rühre um. Nach und nach verschwinden die weißen Kristalle, und das Wasser ist so klar wie zuvor. Dennoch hat es sich verändert. Probiere ein bisschen davon: Es schmeckt nun salzig oder süß.

Die Büroklammern, die du vorhin ins Wasser gelegt hast, waren danach immer noch zu sehen. Auch das Glas selbst löst sich nicht im Wasser auf. Salz oder Zucker aber verschwinden scheinbar.

Der Grund für diese unterschiedliche Löslichkeit liegt in den Anziehungskräften zwischen den Molekülen. Bei Glas oder Metall haften sie sehr fest aneinander. Bei Salz und Zucker aber ist diese Anziehungskraft nicht so stark. Deshalb können sich Wasserteilchen dazwischenschieben und die Salz- bzw. Zuckerteilchen voneinander trennen. Sie schwimmen dann einzeln im Wasser umher, jedes mit einer Hülle aus Wassermolekülen. Weil sie so klein sind, kannst du sie nicht mehr sehen. Aber die empfindlichen Geschmacksfühler auf deiner Zunge nehmen sie wahr.

### 28 Löst sich Zucker schneller in warmem oder in kaltem Wasser?

*2 gleich große Gläser, Zucker, Teelöffel*

Fülle eines der Gläser mit kaltem und das andere mit heißem Wasser. Schütte gleichzeitig je einen Teelöffel Zucker in jedes Glas, rühre um und beobachte, wo der Zucker schneller verschwindet.
In warmem Wasser bewegen sich die einzelnen Wasserteilchen schneller. So können sie sich auch schneller zwischen die Zuckermoleküle schieben und diese voneinander lösen.

### 29 Kalt oder warm – worin löst sich mehr?

*2 gleich große Teegläser, Zucker, Salz, heißes und kaltes Wasser, Teelöffel, Papier, Bleistift*

Fülle beide Gläser gleich hoch mit heißem Wasser – Vorsicht, verbrenne dich nicht! Gib in eines einen Teelöffel voll Salz, ins andere einen Teelöffel voll Zucker und rühre beide um, bis sich alles aufgelöst hat.
Wiederhole das nun und mache für jeden Löffel Salz bzw. Zucker einen Strich auf deinem Zettel. Gib in jedes Glas so viel Salz bzw. Zucker, bis sich nicht mehr alles auflöst, und vergleiche

dann deine Strichliste. Die gleiche Wassermenge kann viel mehr Zucker als Salz aufnehmen. Wir nennen übrigens eine Lösung, die nichts mehr aufnehmen kann, „gesättigt".
Schütte die Lösungen nicht weg; du brauchst sie für Versuch 30. Wiederhole jetzt diesen Versuch mit kaltem Wasser. Du wirst jeweils viel weniger auflösen können, und der Unterschied zwischen der gelösten Salzmenge und der gelösten Zuckermenge ist kleiner.

## 2 Experimente mit Wasser

Die meisten Stoffe lösen sich in heißem Wasser schneller und in größerer Menge als in kaltem. Aber bei manchen Stoffen ist dieser Unterschied größer als bei anderen.

### 30 Wie bekommst du Zucker und Salz zurück?

*2 tiefe Teller, Zucker- und Salzlösung aus Versuch 29*

Schütte das Zuckerwasser und das Salzwasser auf je einen Teller und stelle sie auf die Heizung. Nach einigen Tagen ist das Wasser verschwunden und der Boden des Tellers von einer Schicht Zucker- bzw. Salzkristallen bedeckt. Die Wärme hat das Wasser aus der Lösung vertrieben: Die kleinen Wasserteilchen sind in die Luft verschwunden. Wir sagen: Das Wasser ist verdunstet.
Die Zucker- und die Salzteilchen mussten dagegen zurückbleiben und haben sich wieder zu Kristallen verbunden.

### 31 Wie kann man große Kandiskristalle züchten?

*Zuckerlösung, Gläser, Bleistift, Nähgarn, Pappe*

Trinkst du gern süßen Tee? Dann kennst du auch die schönen großen Kandisbrocken, die man zum Süßen nimmt. Solchen Kandis kannst du selbst herstellen.

Löse in einem Glas mit warmem Wasser so viel Zucker wie möglich auf. Knote einige Nähgarnfäden an den Bleistift und lege ihn so übers Glas, dass die Fäden in die gesättigte Zuckerlösung hineinhängen. Decke die Pappe über die Öffnung. Lasse das Wasser langsam verdunsten, je langsamer, desto besser. Im Laufe einiger Tage werden sich an den Fäden und an der Glaswand kleine Zuckerkristalle bilden. Alle paar Tage solltest du den Bleistift hochnehmen, die Zuckerlösung in ein sauberes Glas füllen und die Fäden wieder hineinhängen. So kannst du durch das Glas hindurch das Wachstum an den Fäden verfolgen.
Nach und nach werden die Kristalle immer größer. Wenn sie etwa einen halben bis einen Zentimeter Durchmesser haben, nimmst du sie ab, legst sie zum Trocknen auf einen Teller und füllst sie dann in ein Gefäß – für die nächste Teestunde.

> **Weißt du …**
>
> … dass viele Stoffe ganz typische Kristallformen bilden? Kristalle entstehen, wenn sich die kleinsten Teilchen eines Stoffes, die Moleküle, geordnet zusammenlegen – zum Beispiel beim Auskristallisieren aus einer Lösung. Je mehr Zeit sie dafür haben, also je langsamer diese Kristallisation abläuft, desto schöner und größer werden die Kristalle. Die Kristallform hängt unter anderem von der Form der Moleküle ab. Manche Stoffe bilden würfelförmige Kristalle, andere dagegen Nadeln, Prismen oder Oktaeder (die sehen aus wie zwei aufeinander gestellte Pyramiden). Kristalle von Mineralien sind oft im Laufe von Hunderten von Jahren tief unten in der Erde gewachsen.

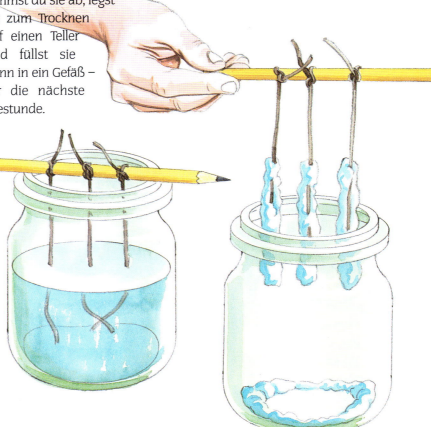

## 32 Wie kann eine Kerze im Wasser brennen?

*Kerze, Glas, Nägel*

**Vorsicht: Verbrenne dich nicht!**

Kerzenwachs ist leichter als Wasser, eine ins Wasser geworfene Kerze schwimmt daher. Beschwere das untere Ende einer dicken Kerze mit einem Nagel, so dass ihr Docht gerade noch über die Wasseroberfläche ragt (mehrere Nägel ausprobieren). Zündest du sie jetzt an, so wird sie nicht ausgehen, wenn sie die Wasseroberfläche erreicht, sondern weiterbrennen. Das Wasser kühlt das Kerzenwachs, so dass eine dünne Außenwand stehen bleibt und das Auslöschen des Dochts verhindert.

## 33 Wieso ist ein Stein unter Wasser leichter als in der Luft?

*Eimer, Filzstift, mittelschwerer Stein, Schnur*

Beim Baden ist es dir sicher schon einmal aufgefallen: Im Wasser fühlst du dich viel leichter als an Land. „Wasser trägt", sagt man. Was geschieht dabei? Fülle den Eimer mit Wasser und markiere mit dem Filzstift die Höhe des Wasserspiegels. Binde nun den Stein an die Schnur und senke ihn ins Wasser. Was geschieht mit dem Wasserspiegel? Er steigt natürlich, denn der Stein verdrängt ja einen Teil des Wassers.

Und was spürst du an der Schnur? Der Stein wird leichter – allerdings nur scheinbar: Hebst du ihn heraus, ist er wieder genauso schwer wie vorher.

Diesen scheinbaren Gewichtsverlust nennt man „Auftrieb". Schon vor über 2000 Jahren fand der geniale griechische Naturforscher und Mathematiker Archimedes heraus, dass ein schwimmender oder im Wasser schwebender Körper genau so viel an Gewicht verliert, wie das Wasser wiegt, das er bei seinem Eintauchen verdrängt. Daher fühlst du dich auch beim Schwimmen viel leichter.

## 34 Warum schwimmen Schiffe?

*Aluminium-Folie, Schüssel*

Vielleicht hast du dich schon einmal gefragt, wie es kommt, dass ein riesiger Ozeandampfer, der noch dazu aus schwerem Metall gebaut ist, nicht untergeht. Auch das ist eine Frage des Auftriebs.

Forme ein Schiffchen aus Alu-Folie und setze es in die wassergefüllte Schüssel. Es wird ohne weiteres schwimmen.

Nimm es heraus, zerknülle es ganz fest zu einer kleinen Kugel (es sollte keine Luft mehr eingeschlossen sein) und gib sie in

## 2 Experimente mit Wasser 23

die Schüssel. Sie geht unter, obwohl sie doch genauso schwer ist wie vorher das Schiffchen.

Ob ein Körper schwimmt oder nicht, hängt also nicht nur von seinem Gewicht ab. Ein Ozeandampfer wiegt Tausende von Tonnen und kreuzt über die Meere, während das nur einige Gramm schwere Alu-Kügelchen versinkt.

Wichtig ist das Verhältnis zwischen dem Gewicht des Gegenstands und dem Gewicht des Wassers, das er verdrängt: Ist der Gegenstand leichter, schwimmt er. Ist er schwerer, versinkt er. Wenn zwei Gegenstände das gleiche Gewicht haben, dann schwimmt wegen des Auftriebs derjenige besser, der mehr Wasser verdrängt.

Ein Stahlblock vom Gewicht eines Dampfers würde sofort untergehen. Der Dampfer ist jedoch so geformt, dass dieselbe Menge Metall einen großen Hohlraum umschließt. Er verdrängt dadurch viel mehr Wasser und bleibt so an der Wasseroberfläche – und kann sogar noch Tonnen schwere Lasten transportieren.

>  **Weißt du ...**
>
> *... dass der griechische Naturforscher Archimedes mit Hilfe des Auftriebs einen betrügerischen Goldschmied entlarvte? Dieser hatte den Auftrag bekommen, aus einer bestimmten Menge Gold eine Krone zu fertigen. Doch als die Krone fertig war, kam der Verdacht auf, der Goldschmied habe einen Teil des Goldes für sich behalten. Zwar hatte die Krone das richtige Gewicht. Aber vielleicht hatte er dem Gold weniger wertvolles Silber und Kupfer beigemischt? Archimedes kam eine Idee. Er wusste: Ein Kilogramm Kupfer oder Silber nimmt einen größeren Raum ein als ein Kilogramm Gold. Also wog er so viel Gold ab, wie der Goldschmied für die Krone bekommen hatte, legte es in eine Schüssel mit Wasser und fing in einer Schale das Wasser auf, das vom Gold verdrängt wurde. Dann legte er die gleich schwere Krone ins Wasser und fing ebenfalls das Wasser auf, das sie verdrängte. Und siehe da: Es war viel mehr! Also waren dem Gold andere, weniger wertvolle Metalle beigemischt – der Goldschmied war überführt.*

### 35 Wie kann man frische und ältere Eier unterscheiden?

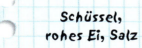

Schüssel, rohes Ei, Salz

Wenn ein Gegenstand im Wasser untergeht, gibt es zwei Möglichkeiten, ihn dennoch zum Schwimmen zu bringen.

Die erste kennst du schon – ihn leichter zu machen oder bei gleichem Gewicht größer zu machen. Die zweite ist: Du machst das Wasser schwerer. Zum Beispiel, indem du Salz darin auflöst.

Die gleiche Menge Salzwasser ist schwerer als reines Wasser, denn das aufgelöste Salz hat ja auch sein Gewicht. Deshalb schwimmen Gegenstände in Salzwasser besser als in Süßwasser. Ein Ei zum Beispiel geht

in Süßwasser unter. In Salzwasser schwebt es – je älter es ist, desto weniger Salz brauchst du dazu im Wasser aufzulösen. Denn mit der Zeit verdunstet Wasser durch die Eischale, so dass das Ei an Gewicht verliert. Es gibt Seen mit stark salzigem Wasser, so zum Beispiel das Tote Meer zwischen Israel und Jordanien. Es ist 10-mal salziger als die Ozeane. Selbst ein schwerer Badegast kann darin nicht untertauchen: Er bleibt wie ein Korken an der Oberfläche und kann sogar im Wasser liegend Zeitung lesen.

Und auf dem flüssigen Metall Quecksilber, das 13-mal schwerer ist als Wasser, schwimmt sogar ein Felsbrocken oder eine eiserne Kanonenkugel.

## 36 Warum sind Flüsse im Oberlauf so steinig?

*großes Einmachglas, Sand, Erde, Steinchen*

Wenn du den Lauf eines Flusses über eine lange Strecke verfolgen würdest, könntest du folgende Beobachtung machen: In seinem Oberlauf findet sich viel Geröll, weiter unten werden die Steine kleiner, noch weiter zur Mündung hin ist der Grund sandig, und im Mündungsgebiet selbst setzt sich sogar feinster Schlamm ab. Woher kommt das? Fülle das Einmachglas mit Wasser und schütte ein Gemisch aus Sand, Erde, kleineren und größeren Steinchen hinein. Rühre es mehrfach um und lasse es dann über Nacht ruhig stehen. Am nächsten Tag siehst du, dass das Wasser die Bestandteile deines Gemisches nach der Korngröße sortiert abgelagert hat. Zuunterst liegen die größeren Steinchen, darauf der Sand und ganz oben eine Schicht aus feinem Schlamm. Je kleiner die Teilchen sind, desto länger brauchen sie, um sich abzusetzen.

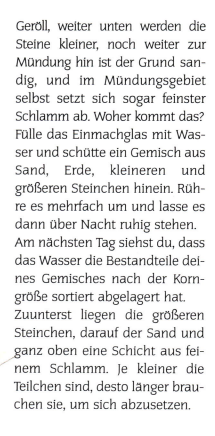

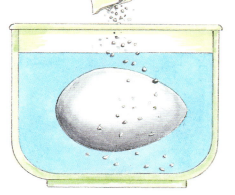

###  Weißt du ...

*... dass viele Flüsse ihre Mündung immer weiter ins Meer hinausschieben? Das geschieht dann, wenn sie viel Sand und Schlamm aus einem Gebirge mitführen und in ihrem Bett nicht abladen können. Beim Eintritt ins Meer sinkt die Fließgeschwindigkeit so stark ab, dass nun alle Teilchen abgelagert werden. Oft entsteht dann, wie beim Nil oder beim Mississippi, ein dreieckiges Mündungsgebiet, ein „Delta". Im Laufe der Zeit kann sich das Delta immer weiter ins Meer hinausschieben.*

Schnell fließendes Wasser kann selbst große Steine aus dem Verwitterungsschutt eines Gebirges bewegen. Doch sobald es etwas langsamer fließt, bleiben sie liegen. Kies, Sand und vor allem Schlamm werden viel weiter getragen und setzen sich erst im Unterlauf des Flusses oder an Stellen mit sehr langsamer Fließgeschwindigkeit ab.

## 2  Experimente mit Wasser   25

## 37 Kann man einen Eimer voll Wasser kopfüber halten, ohne dass etwas ausläuft?

Eimer mit Henkel

Du kannst darauf wetten! Aber du solltest diesen Versuch doch lieber im Freien ausführen. Und sei vorsichtig, dass du niemanden mit dem Eimer triffst!
Fülle den Eimer halb voll Wasser und schwinge ihn in einem großen Kreis herum. Obwohl er bei dieser Kreisbewegung kurzzeitig mit der Öffnung nach unten zeigt, fließt kein Tropfen Wasser heraus.
Du spürst bei dieser Schleuderbewegung, dass der Eimer an deiner Hand zieht, je schneller die Bewegung, desto stärker. Diese Kraft heißt „Fliehkraft"; sie tritt stets bei Gegenständen auf einer Kreisbahn auf. Der Grund für den Namen wird dir sofort klar, wenn du den Eimer loslässt: Er „flieht" auf gerader Bahn. Nur weil du ihn am Henkel festhältst, zwingst du ihn auf die Kreisbahn.
Die Fliehkraft wirkt auch auf das Wasser im Eimer und presst es gegen den Eimerboden. Selbst bei vergleichsweise langsamem Schleudern ist die Fliehkraft stärker als die Schwerkraft.

### ❓ Weißt du …

… dass auch eine Wäscheschleuder die Fliehkraft nutzt?
Würdest du den Eimer aus Versuch 37 durchlöchern, mit nasser Wäsche füllen und kräftig schleudern, triebe die Fliehkraft den größten Teil des Wassers aus der Wäsche heraus.
Eine Wäscheschleuder ist im Prinzip ganz ähnlich gebaut: Sie besteht aus einem durchlöcherten Gefäß, der „Trommel", und einem Motor; alles umgeben von einem Gehäuse. Die Trommel wird mit nasser Wäsche gefüllt und vom Motor schnell gedreht.

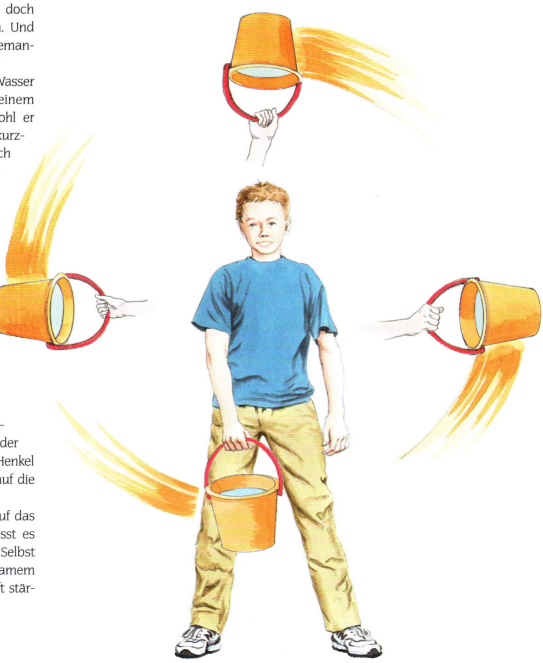

# Experimente mit Wärme und Kälte

Manchmal frierst du. Manchmal ist es dir zu warm. Du spürst also Wärme und Kälte deutlich am eigenen Körper. Aber auch unbelebte Stoffe reagieren auf Temperaturveränderungen. Wasser etwa verwandelt sich plötzlich bei tiefer Temperatur: Es gefriert zu festem Eis. Erhitzt du das Wasser dagegen, verschwindet es nach und nach als Wasserdampf. Die Versuche in diesem Kapitel zeigen dir noch mehr Auswirkungen der Temperatur.

## 38 Kannst du Temperaturen genau schätzen?

*3 Schüsseln*

Du fühlst natürlich stets zuverlässig, ob etwas warm oder kalt ist. Oder? Probiere es aus!

Stelle drei Schüsseln nebeneinander auf den Tisch. Eine füllst du mit Eiswasser, eine mit heißem Wasser und eine mit lauwarmem Wasser. Nun steckst du die linke Hand in die Schüssel mit kaltem und die rechte ins heiße Wasser. Nach einigen Sekunden tauchst du beide Hände in das Wasser der dritten Schüssel – und erlebst eine Überraschung: Die linke Hand sagt: Es ist warm. Die rechte meldet: Das Wasser ist kalt. Zum Schätzen der Temperatur ist unser Körper offensichtlich ziemlich ungeeignet.

Die Physiker haben daher schon vor einigen Jahrhunderten ein Instrument erfunden, um die Temperatur genauer messen zu können: das Thermometer.

## 3 Experimente mit Wärme und Kälte 27

 **Weißt du ...**

*... dass die Erdoberfläche höchst unterschiedliche Temperaturen haben kann? In tätigen Vulkanen können Temperaturen von über 1000 Grad Celsius herrschen, heiße Quellen erreichen 100 Grad Celsius, und am wärmsten Ort auf der Erde zeigt das Thermometer bis zu 49 Grad im Schatten. Andererseits sinken die Temperaturen am Südpol im Winter auf minus 89 Grad!*

## 39 Wie funktioniert ein Thermometer?

*Kupferdraht (1 mm Durchmesser, etwa 1 m lang), 4 Kerzen, Pappe, Gewicht (ein Buch oder eine mit Wasser gefüllte Plastikflasche)*

Die Drähte von Freileitungen hängen im Sommer tiefer als im Winter – ein Beispiel dafür, dass Stoffe auf Temperaturveränderungen reagieren. Dieser Versuch zeigt dir, was dabei geschieht.
Binde den Kupferdraht etwa 50 Zentimeter von der Tischkante entfernt an einen schweren Gegenstand, zum Beispiel eine Tischlampe. Führe ihn über den Tisch und lasse ihn dann über einen Stapel Bücher herunterhängen. Befestige an diesem Ende das Gewicht; es hält den Draht straff. Markiere am Tischbein genau die Höhe, in der das Gewicht hängt. Stelle nun drei oder vier brennende Kerzen auf den Tisch unter den Draht (zum Schutz der

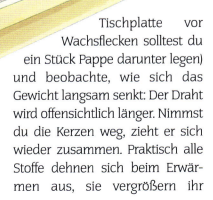

Tischplatte vor Wachsflecken solltest du ein Stück Pappe darunter legen) und beobachte, wie sich das Gewicht langsam senkt: Der Draht wird offensichtlich länger. Nimmst du die Kerzen weg, zieht er sich wieder zusammen. Praktisch alle Stoffe dehnen sich beim Erwärmen aus, sie vergrößern ihr

Volumen (eine wichtige Ausnahme lernst du im nächsten Versuch kennen). So auch die Drähte der Freileitungen.

Die Eigenschaft der Stoffe, sich bei Wärme auszudehnen, nutzt man zur Herstellung von Thermometern. Ein Quecksilber-Thermometer besteht eigentlich nur aus einer kleinen, mit flüssigem Quecksilber gefüllten Glaskugel und einer langen Röhre. Steigt die Temperatur, dehnt sich das Quecksilber aus und steigt in der Glasröhre empor. Auf einer Skala kann man den genauen Wert der Temperatur ablesen. Dazu muss man sich vorher allerdings auf bestimmte Werte geeinigt haben, das Thermometer muss „geeicht" sein. Unsere Thermometer sind so geeicht, dass sie in schmelzendem Eis null Grad und in siedendem Wasser 100 Grad Celsius anzeigen. Unsere Körpertemperatur beträgt etwa 37 Grad Celsius.

Neben dieser „Celsius-Skala" wird in England und den USA die „Fahrenheit-Skala" benutzt. Hier ist die menschliche Körpertemperatur auf 100 Grad Fahrenheit festgelegt worden, Wasser gefriert bei 32 Grad Fahrenheit und siedet bei 212 Grad.

## 40 Was sind die „Zustandsformen"?

*Plastikschüssel, Kochtopf, Herd*

Festes Eis, flüssiges Wasser, gasförmiger Wasserdampf – alle drei bestehen aus dem gleichen Stoff und haben doch so unterschiedliche Eigenschaften. Wie kommt das?

Fülle eine kleine Plastikschüssel mit Leitungswasser und stelle sie für einige Stunden ins Tiefkühlfach. Das Wasser erstarrt zu Eis. Den Eisblock legst du in einen Topf und erwärmst ihn auf dem Herd. Langsam schmilzt das Eis zu flüssigem Wasser. Erhitze weiter, bis das Wasser siedet. Schließlich entweicht es als Wasserdampf, der sich auf der kalten Fensterscheibe wieder als flüssiges Wasser niederschlägt. Wenn du ein Thermometer besitzt, das den Bereich von 0 Grad Celsius bis über 100 Grad umfasst, kannst du damit während des Versuchs die Temperatur im Topf verfolgen: Solange noch Eis vorhanden ist, steigt sie nicht über 0 Grad. Dann klettert die Thermometersäule schnell auf etwa 100 Grad und bleibt dort, bis alles Wasser verdampft

ist (so lange solltest du, um den Topf zu schonen, aber nicht erhitzen). Wasser kommt, wie fast jeder andere Stoff auch, in drei Zustandsformen vor: fest, flüssig und gasförmig.

Die Temperatur bestimmt, welche dieser Formen jeweils vorherrscht: Bei weniger als 0 Grad Celsius ist es vor allem Eis, über 100 Grad Celsius dagegen Wasserdampf.

 **Weißt du …**

*… dass verschiedene Stoffe ganz unterschiedliche Schmelz- und Siedepunkte haben? Sauerstoff zum Beispiel wird bei minus 219 Grad Celsius fest, Quecksilber schmilzt bei minus 39 Grad Celsius, Blei bei 328 Grad, Kochsalz bei 806 Grad, Gold bei 1064 Grad und reines Eisen sogar erst bei über 1500 Grad Celsius. Dafür siedet Sauerstoff schon bei minus 183 Grad, Alkohol bei 78 Grad, bei 1439 Grad verdampft Kochsalz, bei 2750 Grad Eisen, bei 3080 Grad Gold und bei über 4800 Grad Kohlenstoff.*

Den Übergang von fest zu flüssig nennt man Schmelzpunkt (bei Wasser liegt er bei 0 Grad), den von flüssig zu gasförmig Siedepunkt (bei Wasser 100 Grad).

## 41 Warum schwimmt ein Eisberg?

**2 kleine leere Glasflaschen, 2 Plastikbeutel**

Sicher hast du schon einmal von der Katastrophe der Titanic gehört. Dann weißt du auch, dass Eis schwimmt – und sogar ziemlich gefährlich werden kann. Denn der Luxusliner, der als unsinkbar galt, wurde 1912 von einem gewaltigen Eisberg gerammt und sank binnen Minuten. Doch warum schwimmt eine so riesige, tonnenschwere Masse Eis?

Fülle die beiden Flaschen mit Wasser, verschließe eine davon, umhülle beide Flaschen mit Plastikbeuteln und stelle sie aufrecht ins Eisfach des Kühlschranks. Am nächsten Tag wird die verschlossene Flasche gesprungen sein. Aus der anderen ragt ein Eiszapfen nach oben. Das Wasser hat sich offenbar beim Gefrieren ausgedehnt und dabei so viel Kraft entwickelt, dass es die verschlossene Flasche gesprengt hat.

**Vorsicht: Schneide dich nicht an den Scherben!**

Wie ist das möglich? Hast du nicht in Versuch 39 festgestellt, dass sich Stoffe beim Erwärmen ausdehnen und beim Abkühlen zusammenziehen? Tatsächlich gilt das für fast alle Stoffe. Wasser aber ist eine Ausnahme. Bis zu einer Temperatur von vier Grad Celsius zieht es sich beim Abkühlen zusammen. Unter vier Grad Celsius aber dehnt es sich wieder aus, beim Gefrieren sogar schlagartig um etwa ein Zehntel seines Volumens.

Weil die gleiche Menge Wasser in Form von Eis einen größeren Raum einnimmt, ist Eis leichter als flüssiges Wasser; daher schwimmen Eiswürfel und Eisberge oben.

### Weißt du …

*… dass die so genannte „Dichteanomalie" des Wassers für das Erdklima unglaublich wichtig ist? Weil Wasser bei vier Grad Celsius am stärksten verdichtet und somit am schwersten ist, sammelt sich im Winter Wasser dieser Temperatur am Grund tiefer Seen. Fische finden hier einen Zufluchtsort, wo sie vor Frost geschützt sind. Weil Eis schwimmt, frieren auch die Meere nur an der Oberfläche zu. Dort können die Sonnenstrahlen im Frühjahr das Eis rasch wieder auftauen. Andernfalls wären die Ozeane vielleicht Eisbecken, auf denen sich im Sommer ein paar Seen bilden. Leben wäre dann nicht möglich.*

## 42 Warum verbrennt man sich am Tee so leicht die Zunge?

> hohes Einmachglas, kleines Glas, heißes Wasser, Bindfaden, Wasserfarbe (oder Tinte)

**Vorsicht: Verbrenne dich nicht!**

Es ist schon lästig: An den ersten Schlucken Tee verbrennt man sich ganz besonders leicht die Lippen oder die Zunge. Das hat aber einen guten Grund.

Fülle das große Einmachglas mit kaltem Wasser. An das kleine Glas bindest du den Bindfaden fest an.

Dann füllst du es mit heißem Wasser, dem du etwas Farbe aus dem Tuschkasten oder etwas Tinte beimischst. Hänge nun das kleine Glas mit dem Bindfaden rasch und vorsichtig in das große hinein, bis es auf dessen Boden steht, und beobachte, was geschieht.

Das gefärbte heiße Wasser steigt auf und sammelt sich an der Oberfläche, denn heißes Wasser ist leichter als kaltes. Dasselbe geschieht in deiner Teetasse: Der heißeste Tee ist immer oben. Wenn du pustest und ihn abkühlst, sinkt der kühlere Tee nach unten, dafür strömt von dort heißer nach.

## 43 Warum trocknet Wäsche an der Leine?

> flacher Teller, Tasse, enger Becher

Vielleicht hast du schon einmal nach dem Schwimmen ein nasses Handtuch in deiner Sporttasche vergessen. Wenn du es dann ein paar Tage später herausgeholt hast, war es immer noch feucht. Hängst du es dagegen an die Wäscheleine, wird es ganz schnell trocken. Warum eigentlich? Sicher nicht nur, weil das Wasser unten heraustropfen kann.

Gieße genau zehn Teelöffel Wasser auf den Teller, die gleiche Menge in die Tasse und in den Becher. Stelle die Gefäße nebeneinander in einen warmen Raum und sieh von Zeit zu Zeit nach, was geschieht.

Nach einigen Stunden wird das Wasser vom Teller verschwunden sein, während die Tasse noch Wasser enthält. Zuletzt wird das Wasser aus dem engen Becher verschwinden.

Wasser verflüchtigt sich nach und nach in die Luft; dieser Vorgang heißt „Verdunstung". Am schnellsten verdunstet das Wasser dort,

# 3 Experimente mit Wärme und Kälte 31

wo die Luft die größte Wasserfläche berührt.
Deshalb hängt man Wäsche zum Trocknen an die Leine. Die große Oberfläche und der darüber streichende Wind lassen das Wasser verdunsten.

einem Föhn (auf kühler Stufe) Luft dagegen. Die Temperaturanzeige sinkt: Beim Verdunsten verbraucht das Wasser Wärme. Ebenso ist es, wenn du aus dem Schwimmbecken steigst: Dann verdunstet das Wasser auf deiner Haut und entzieht ihr Wärme – du frierst.

Nimm zwei Handtücher gleicher Größe und gleichen Materials, tauche sie in Wasser und hänge dann eines an die Heizung, das andere an einen kühlen, windstillen Ort. Welches ist zuerst trocken? Durch Wärmezufuhr kann man Wasser schneller verdunsten lassen.

## 44 Warum frierst du, wenn du nass aus dem Wasser steigst?

*Zimmer-thermometer, Watte, 2 Handtücher, Föhn oder Stück Pappe*

Ein Freibad an einem windigen Tag ist nicht jedermanns Sache. Selbst wenn die Luft eigentlich warm ist – kaum steigt man aus dem Wasser, fröstelt man. Woran liegt das?
Binde um ein Zimmer-Thermometer etwas Watte, befeuchte sie mit Wasser von Zimmertemperatur und fächle einige Minuten mit einem Stück Pappe oder

### Weißt du ...

*... warum du im Sommer schwitzt? Schwitzen zeigt an, dass es deinem Körper zu heiß ist. Um sich zu kühlen, befeuchtet er die Haut. Das Wasser dazu quillt aus winzigen Poren: Wir nennen es Schweiß. Der Schweiß verdunstet und verbraucht dabei Wärme. Durch Fächeln kannst du das Verdunsten beschleunigen und dich noch schneller abkühlen. Viele Tiere können übrigens nicht schwitzen. Hunde zum Beispiel besitzen auf ihrer Haut keine Schweißdrüsen. Sie wären unter dem Fell auch nicht sehr wirksam. Wenn es heiß ist, hecheln sie, das heißt, sie nutzen ihre Zunge, um Wasser zu verdunsten und sich etwas Kühlung zu verschaffen.*

## 45 Kann man aus der Luft Wasser gewinnen?

**Glasbecher, Eisstücke, Lupe**

Ein warmer Tag, ein kühles Eis oder Getränk im Glas – und schon nach wenigen Minuten ist das Glas an der Außenseite feucht. Sicher ist das Wasser nicht durchs Glas hindurchgesickert. Woher kommt es aber dann?

Wiederhole den Versuch unter „kontrollierten Bedingungen" in einem warmen Zimmer. Gib in den Glasbecher einige Eisstücke und etwas kaltes Wasser, aber achte darauf, dass die Außenseite des Bechers dabei trocken bleibt. Pass genau auf, was geschieht. Nach einigen Minuten zeigt sich eine feine Trübung an der Glaswand. Unter der Lupe siehst du schon einzelne Tröpfchen. Nach und nach werden sie größer, rinnen vielleicht zum Teil am Glas hinunter. Der Geschmackstest zeigt: Es ist Wasser. Es kann nur aus der Luft kommen.

Tatsächlich enthält Luft fast immer unsichtbaren Wasserdampf. An kalten Stellen verdichtet er sich zu kleinen Tröpfchen und schlägt sich nieder. Man nennt diesen Übergang von gasförmig zu flüssig „Kondensation". Ebenso „kondensiert" Wasser aus der warmen Zimmerluft übrigens auch an der kalten Fensterscheibe.

## 46 Wie reagiert ein Tannenzapfen auf die Luftfeuchtigkeit?

**Tannenzapfen**

Tannenzapfen spüren sehr genau, wie feucht die Luft gerade ist. Beobachte einen Tannenzapfen, den du im Wald aufgesammelt hast, mehrere Tage bei wechselndem Wetter. Wie sieht er aus, nachdem du ihn einige Minuten auf die warme Heizung gelegt hast? Wie verändert er sich in der feuchtwarmen Waschküche?

Ein Tannenzapfen schließt bei feuchter Luft seine hölzernen Schuppen, um den darin enthaltenen Samen vor Regen zu schützen. Bei trockener Luft dagegen öffnet er sich weit, damit der Wind den Samen fortblasen kann.

## 47 Wie kann man ein Messgerät für die Luftfeuchtigkeit bauen?

**ein langes Haar, Seife, Reißzwecke, Papier, Schere, Klebeband, Bleistift**

Ähnlich wie der Tannenzapfen reagiert auch Menschenhaar auf die Luftfeuchtigkeit: Bei feuchter Luft dehnt es sich aus, bei trockener zieht es sich zusammen. Diesen Effekt kannst du nutzen, um ein Anzeigegerät für die Luftfeuchtigkeit zu bauen.

Schneide aus Papier einen Zeiger und befestige ihn mit einer Reißzwecke an einem Stück kräftigen Zeichenkarton. Achte darauf, dass er leicht beweglich ist. Klebe an das kurze Ende ein etwa 20 Zentimeter langes Haar, das vielleicht Schwester oder Freundin stiften. Das andere Ende des Haares befestigst du mit Klebstreifen an der Pappe, so dass der Zeiger etwa waagerecht hängt.

An einem besonders trockenen Tag markierst du die Stelle, auf die der Zeiger weist, mit „trocken". An einem nebligen oder regnerischen Tag hat sich das Haar ausgedehnt und der Zeiger weist auf einen tieferen Punkt; diesen markierst du mit „feucht". Du kannst

---

### ? Weißt du …

… warum Luft fast immer Wasserdampf enthält? Er stammt vor allem aus den Meeren, an deren Oberfläche sehr viel Wasser verdunstet, aber auch von Seen, Flüssen und Pflanzen, die viel Wasserdampf abgeben. Auch Menschen und Tiere atmen Wasserdampf aus. Kühlt die Luft ab, kondensiert der Wasserdampf zu feinen Tröpfchen, die später Wolken bilden. Kleine Tropfen vereinigen sich zu größeren, und wenn die Tropfen so schwer geworden sind, dass sie herabfallen, regnet es. Bei Kälte bilden sich statt Tropfen Eiskristalle: es schneit.

# 3  Experimente mit Wärme und Kälte

dieses kleine Gerät genauso wie ein Barometer benutzen, um das Wetter vorauszusagen: Trockene Luft bedeutet schönes Wetter; nahen dagegen feuchte Luftmassen heran, ist bald mit Regen zu rechnen.

**Tipp:** Das Haar sollte unbedingt fettfrei sein – wasche es zur Sicherheit vorher mit Seife.

## ❓ Weißt du …

… *dass es von der Temperatur der Luft abhängt, wie viel Wasserdampf sie speichern kann? Bei 20 Grad Celsius sind es 17 Gramm in 1000 Litern Luft, bei 10 Grad nur noch knapp 10 Gramm und bei 0 Grad sogar nur noch 5 Gramm. Kalte Luft kann also viel weniger Wasserdampf aufnehmen als warme Luft – sie ist früher mit Wasserdampf „gesättigt". Darum scheiden sich Wassertröpfchen ab, wenn wasserdampfgesättigte warme Luft abkühlt: zum Beispiel am kalten Fenster oder nachts (dann gibt es Nebel).*

## 48 Wie kann man in der Wüste Wasser gewinnen?

*Glas, durchsichtige Plastikfolie, Steine*

Falls du eine Saharadurchquerung planst, solltest du dir dieses Experiment merken. Man kann ja nie wissen ...
Grabe ein Loch in die Erde oder in Sand und stelle ein Glas unten hinein. Spanne dann die Plastikfolie über die Grube, beschwere sie am Rand mit Steinen und dichte sie mit Erde (oder Sand) ab. In die Mitte der Folie legst du einen kleinen Stein, so dass sie trichterförmig durchhängt. Scheint die Sonne auf die Folie, so bilden sich nach einer Weile an der Innenseite Wassertröpfchen, die zusammenlaufen und schließlich in den Becher tropfen.
Selbst scheinbar trockene Erde enthält noch Wasser. Die Sonnenstrahlen wärmen die Erde auf, deren Feuchtigkeit verdunstet und schlägt sich an der Folie nieder.

## 49 Kann man Wasser in einer Papiertüte kochen?

*starker Briefumschlag, Kerze*

### ? Weißt du ...

... dass man in heißen Ländern durch Verdunsten und Kondensieren Wasser gewinnt? Allerdings nicht aus der Erde, sondern aus Meerwasser, denn davon gibt es genug. Nur eignet es sich nicht zum Trinken oder zum Bewässern von Feldern, weil es zu viel Salz enthält. Also verdampft man das Wasser mit Sonnenwärme und lässt den Wasserdampf dann wieder kondensieren. Das ergibt reines Wasser, denn das Salz verdampft nicht mit.

Ein Kochtopf eignet sich natürlich besser zum Wasserkochen. Aber du wirst staunen: Es geht auch mit Papier!

Schneide dir aus dem Umschlag eine Tüte, fülle einige Teelöffel Wasser hinein und halte die Spitze vorsichtig über eine Kerze. Du musst nur darauf achten, dass die Flamme nicht die trockenen Teile des Papiers berührt. Nach wenigen Minuten brodelt das Wasser in der Tüte. Die Temperatur der Kerzenflamme könnte mit ihren rund 400 Grad Celsius leicht das Papier entzünden. Siedendes Wasser aber wird nicht wärmer als 100 Grad. Und solange noch Wasser in der Tüte ist, wird auch das Papier nicht heißer – und verbrennt daher nicht.

## 50 Warum sausen Wassertropfen auf der heißen Herdplatte so schnell umher?

Lass eine Herdplatte ordentlich heiß werden. (Vergiss nicht, die Platte nach dem Versuch wieder abzuschalten!) Tropfe dann etwas Wasser darauf. Die Tropfen verdampfen nicht sofort, sondern schwirren zischend umher.

An der Grenzfläche zwischen Tropfen und Herdplatte verdampft das Wasser sofort. Der dabei entstehende Wasserdampf aber verhindert den Wärmeübergang von der Platte zum restlichen Tropfen. Dafür hebt er die Tropfen etwas hoch und sorgt wie ein Luftkissen für geringe Reibung. So können die Tropfen auf diesem Dampfkissen frei auf der Platte umherflitzen.

### ? Weißt du ...

*... dass Wasser beim Verdampfen sein Volumen mehr als vertausendfacht? Ein Liter Wasser ergibt rund 1000 Liter Dampf, der sich mit großer Kraft ausdehnt. Kein Wunder also, dass Wasserdampf in Kraftwerken riesige Turbinen antreibt und in der Dampflokomotive sogar schwere Züge in Bewegung bringen kann.*

## 51 Wie breitet sich Wärme aus?

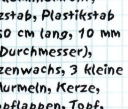

Aluminiumrohr, Holzstab, Plastikstab (je 50 cm lang, 10 mm Durchmesser), Kerzenwachs, 3 kleine Murmeln, Kerze, Topflappen, Topf, Stück Styropor

Vorsicht: Verbrenne dich nicht!

Wasser kann in Rohren fließen, das ist dir nichts Neues. Doch du wirst staunen: Auch Wärme kann in Rohren fließen. Und sogar in Stäben.

Klebe mit Kerzenwachs etwa 15 Zentimeter vom Ende des Alu-Rohrs entfernt eine Murmel fest, und zwei weitere jeweils drei Zentimeter näher am Stangenende. Fasse nun das Rohr mit Topflappen an, um dich nicht zu verbrennen, und halte das Ende, an dem die Murmeln sitzen, über die Kerzenflamme.

Was geschieht mit den Murmeln? Sie fallen nacheinander herab, wenn die Wärme das Kerzenwachs erreicht und schmilzt. Wärme, so zeigt der Versuch, breitet sich langsam vom heißesten Punkt der Stange durch das Metall aus.

Fasse nun den Alustab und den Holzstab mit je einer Hand in der Mitte an und tauche beide Stäbe nebeneinander in einen Topf mit heißem Wasser. Welchen Stab kannst du länger festhalten? Du kannst den gleichen Versuch auch mit einer Alu- und einer Plastikstange wiederholen.

Metall leitet Wärme recht gut, andere Stoffe wie Holz und Plastik dagegen deutlich schlechter. Deswegen haben Töpfe und Pfannen auch Griffe aus Holz oder Plastik – Metallgriffe sind für heiße Gefäße ungeeignet.

Besonders schlecht leitet der Kunststoff Styropor die Wärme. Lege einen Metallgegenstand und ein Stückchen Styropor eine Nacht lang ins gleiche Zimmer. Sie besitzen dann sicher die gleiche Temperatur. Trotzdem fasst sich das Metall kühl an, während das Styropor sich warm anfühlt.

Grund dafür ist nicht die Temperatur, sondern die unterschiedliche Fähigkeit, Wärme zu leiten. Metall leitet die Hautwärme schnell ab, die Hand kühlt ab und fühlt sich daher kühl an. Styropor dagegen leitet die Hautwärme schlecht ab und vermittelt der Hand daher ein Gefühl der Wärme.

## 3  Experimente mit Wärme und Kälte

## 52 Wie kann man einen Brandfleck im Taschentuch verhindern?

Zigarette, Münze, alter Stofflappen, altes weißes Taschentuch

**Vorsicht: Verbrenne dich nicht!**

Ein alter Zaubertrick, aber immer wieder verblüffend. Auch er beruht auf der Wärmeleitfähigkeit von Stoffen.
Probiere einmal an einem alten Lappen, mit einer brennenden Zigarette ein Loch in den Stoff zu sengen. Kein Problem, du bekommst einen großen braunschwarzen Brandfleck.

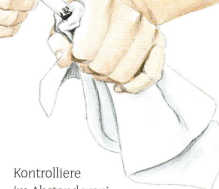

Nimm nun eine große Münze und spanne darüber fest und faltenlos das Taschentuch. Drücke jetzt die brennende Zigarette darauf aus. Statt eines Brandflecks findest du nur etwas Asche auf dem Tuch.
Metall ist ein weit besserer Wärmeleiter als Stoff. Das Geldstück hat die Hitze der Zigarette sofort weggeleitet und sich etwas erwärmt, dabei aber den Stoff so weit gekühlt, dass nicht einmal ein Sengfleck zurückbleibt.

## 53 Warum wird das Meer im Frühjahr nur so langsam warm?

2 flache Teller, trockener Sand, Lampe, evtl. Zimmer-Thermometer

Viele Leute baden in der Nordsee lieber im Herbst als im Frühjahr, weil das Wasser wärmer ist. Und das, obwohl es im Frühling bei schönem Wetter am Strand schon ziemlich heiß werden kann. Wie kommt das?
Fülle einen Teller mit Sand, den anderen mit Wasser und stelle beide nebeneinander so unter eine Nachttisch-, Schreibtisch- oder Rotlichtlampe, dass beide gleich stark beschienen werden. Kontrolliere im Abstand weniger Minuten mit dem Thermometer die Temperatur oder fühle sie mit der Hand. Während sich das Wasser unter der Wärme der Lampe nur langsam aufheizt, ist der Sand zumindest an der Oberfläche bald schön warm.
Nimm nach einiger Zeit die Lampe weg und verfolge wieder die Temperaturen. Der Sand hat sich nach einigen Minuten schon abgekühlt, während das Wasser noch länger warm bleibt.
Bei Sand reicht eine viel kleinere Wärmemenge als bei Wasser, um die Temperatur um einen bestimmten Wert zu erhöhen.

 **Weißt du ...**

... dass Styropor sehr geschätzt wird, gerade weil es so schlecht die Wärme leitet? Dafür eignet es sich nämlich gut zum Isolieren: Hauswände, die mit einer Schicht Styropor belegt sind, leiten viel weniger Wärme nach außen und sparen daher viel teure Heizenergie.

Dasselbe gilt auch für Erde. Daher erwärmt sich das Festland unter der Frühjahrssonne recht rasch, während das Meer noch kalt ist. Umgekehrt bleibt das Wasser im Herbst oft noch warm, während schon kalte Stürme übers Land blasen.

 **Weißt du …**

*… dass es in der Wüste zwar tagsüber oft sehr warm ist, nachts jedoch ziemlich kalt? Die Temperatur kann dann sogar unter null Grad Celsius sinken. Grund dafür ist die Trockenheit: Es gibt kein Wasser, das die Temperaturen ausgleichen würde. Der Boden heizt sich zwar tagsüber stark auf, kühlt nach Sonnenuntergang aber ebenso rasch wieder ab. Und es gibt keine Wolken, die nachts die Wärme zurückhalten könnten.*

Auto, das in der Sonne stand, ist die Hitze oft fast unerträglich. Das hat einen guten Grund.
Fülle die beiden Dosen mit Wasser und stelle sie nebeneinander in den prallen Sonnenschein. Prüfe nach einigen Stunden die Wassertemperaturen mit dem Thermometer oder notfalls mit dem Finger. Das Wasser in der schwarzen Dose ist deutlich wärmer.

## 54 Warum bevorzugen wir im Sommer helle Kleidung?

*Zimmer-Thermometer, 1 weiße und 1 schwarze Blechdose (du kannst auch normale Dosen verwenden und sie mit weißem bzw. schwarzem Papier umhüllen)*

Im Sommer tragen viele Leute gerne Weiß oder zumindest helle Farben. Und in einem dunklen

Das Licht der Sonne erwärmt die Gegenstände, auf die es trifft. Dunkle Gegenstände aber verschlucken mehr Licht als helle und heizen sich daher stärker auf. Weiße Gegenstände dagegen werfen einen großen Teil der auftreffenden Sonnenstrahlen zurück – deshalb blenden sie auch im Auge – und bleiben daher kühler.
Jetzt weißt du auch, warum sich dunkle Sandkörner beim Schein der Wintersonne so schnell in den Schnee schmelzen und warum es sich im Sommer in hellen Autos angenehmer fährt.

## 55 Warum wärmt Kleidung überhaupt?

*2 Milchflaschen, Wolltuch*

Fülle die beiden Milchflaschen mit heißem Wasser. Umhülle die eine möglichst vollständig mit dem Wolltuch und lasse die beiden Flaschen nebeneinander stehen. Prüfe nach etwa einer Stunde mit der Hand die jeweiligen Wassertemperaturen.
Das Wasser in der umhüllten Flasche ist wärmer. Ein warmer

# 3 Experimente mit Wärme und Kälte 39

Das Eis schmilzt, und die entstehende Flüssigkeit, die „Salzsole", ist weit kälter als das ursprüngliche Eis. Wenn du jetzt das Glas in die Wasserlache auf der Folie stellst, friert es sehr bald fest – selbst im warmen Zimmer. Salzwasser friert erst bei viel tieferen Temperaturen als reines Wasser. Daher bringt Salz das Eis zum Schmelzen. Dabei aber wird Wärme verbraucht. Daher kühlt sich die Flüssigkeit kräftig ab; sie kann auf minus 10 Grad Celsius kommen. Kein Wunder also, dass das Wasser am Glas gefriert. Mit solchen „Kältemischungen" aus Eis und Salz hat man vor der Erfindung der Tiefkühltruhe im Sommer Speiseeis hergestellt.

Gegenstand gibt nach und nach seine Wärme an die kühlere Umgebung ab. Stoff aber bremst diese Wärmeableitung. Er enthält nämlich viele kleine Hohlräume, die mit Luft gefüllt sind. Und Luft ist ein schlechter Wärmeleiter. Daher stellen wir auch unsere Kleidung aus Stoffen her: Sie bremsen den Abfluss der Körperwärme.

**Tipp:** Wenn du Speiseeis ohne Kühltasche transportieren musst, umwickle es mit mehreren Schichten Zeitungspapier: Die Luft zwischen den Seiten hält die Kälte zurück.

## 56 Wie kann man sogar im Sommer große Kälte erzeugen?

*Glas, Plastikfolie, Salz, Eis*

Ein Experiment, das an einem richtig heißen Tag besonders Spaß macht! Lege die Plastikfolie auf den Tisch und gieße einen Esslöffel Wasser darüber. Schütte einige zerdrückte Eiswürfel in das Glas, gib eine Hand voll Salz darüber und rühre ordentlich um.

 **Weißt du ...**

... dass gestrickte Wollsachen vor allem deshalb so gut wärmen, weil sie so viele kleine Luftkammern enthalten? Sie halten die Körperwärme besser zurück als glatte Baumwoll- oder Leinenkleidung. Für mehr Wärme sorgen auch mehrere Kleidungsstücke übereinander, weil sich dazwischen Luftpolster bilden.

# Experimente mit Schall

In einer Welt ohne Schall würde dir vieles entgehen: Du könntest niemanden sprechen hören, kein Vogel würde für dich singen, du müsstest auf Musik verzichten und keine Geräusche würden dich warnen. Also eine öde Welt, vielleicht sogar gefährlich. Doch was ist Schall eigentlich?

## 57 Was ist Schall?

*Lineal, Gummiband, Schachtel*

Lege ein Lineal so auf den Tisch, dass das eine Ende an der Kante übersteht. Solange das Lineal ruhig liegt, hörst du nichts. Halte das Lineal nun mit einer Hand gut fest und schlage mit der anderen leicht auf das freie Ende. Achte genau auf das, was du hörst und siehst. Spanne ein Gummiband über eine leere Schachtel und zupfe daran. Was geschieht mit dem Gummiband? Was hörst du? Halte ein Stück Papier gegen deine Lippen und puste dagegen. Was hörst du, was fühlst du? Beobachte eine gezupfte Gitarren- oder Geigensaite und eine geschlagene Trommel. Was fällt dir auf?

Immer wenn ein Ton zu hören ist, bewegt sich etwas hin und her. Je schneller, desto höher der Ton. Schall wird durch Vibrationen, durch Schwingungen erzeugt.

Der schwingende Gegenstand, sei es nun eine Geigensaite oder die Membran eines Lautsprechers, eine Autohupe oder die Stimmbänder in der Kehle, bringt die Luft um sich herum ebenfalls zum Schwingen.

Er erzeugt Schallwellen, die sich in der Luft ausbreiten – wie ein ins Wasser geworfener Stein Wasserwellen erzeugt, die über die Wasseroberfläche wandern.

 **Weißt du …**

*… dass Astronauten auf dem Mond sich nicht wie wir durch Schallwellen verständigen können? Dort gibt es keine Luft und damit auch keinen Träger für die Schallwellen. Selbst eine Explosion wäre auf dem Mond praktisch nicht zu hören; man könnte sie höchstens fühlen, weil der Mondboden die Schallwellen leitet. Deshalb verständigen sich die Astronauten mit Funkgeräten.*

## 58 Wird Schall auch durch andere Stoffe außer Luft weitergeleitet?

*Tisch, Bleistift, Löffel aus Metall, Bindfaden*

Setze dich an einen Tisch mit einer Holzplatte. Klopfe ganz leicht mit einem Bleistift auf den Tisch und achte genau auf den Schall. Lege nun deinen Kopf langsam auf die Platte und klopfe dabei immer weiter. Achte besonders darauf, wie sich das Klopfen anhört, wenn du mit einem Ohr auf der Tischplatte liegst. Wiederhole dieses Experiment mehrmals. Du wirst dann beobachten, dass der Schall lauter ist, wenn du ihn durch das Holz der Tischplatte hörst. Holz leitet den Schall also. Es leitet ihn sogar noch besser als Luft. Allerdings liegt das nicht am Holz selbst. Grund ist vielmehr, dass sich der im Holz wandernde Schall nicht zerstreut – im Gegensatz zum Schall in der Luft, der das ganze Zimmer erfüllt. Binde den Löffel etwa auf halber Länge an den Bindfaden und drücke je ein Ende des Fadens mit dem Zeigefinger an deine Ohren. Achte darauf, dass der Faden frei hängt. Nun soll ein Freund mit dem Bleistift gegen den Löffel schlagen. Du glaubst, Kirchenglocken zu hören. In diesem Fall leitet der Faden den Schall zu deinen Ohren.

 **Weißt du ...**

... wie dein Ohr funktioniert? Die Ohrmuschel fängt die Schallwellen auf, die durch die Luft an dein Ohr dringen, und leitet sie in den Gehörgang. Geschützt im Ohr sitzt eine feine Membran: das Trommelfell. Selbst schwache Luftschwingungen bringen es zum Vibrieren. An der Innenseite des Trommelfells befinden sich winzige Knöchelchen. Sie leiten seine Bewegungen an feine Sinneshärchen tief im Ohrinnern weiter, und diese schicken dann Nervenreize zum Gehirn: So hörst du.

## ? Weißt du …

… dass Meerwasser Schallwellen ausgezeichnet leitet? Wale zum Beispiel können sich mittels Schall über Hunderte von Kilometern unter Wasser „unterhalten". Die Bedeutung der Schnalz-, Grunz-, Schnarch-, Stöhn- und Zirplaute, die den „Gesang der Wale" ausmachen, ist aber noch wenig erforscht.

## 59 Wie kann man ein Telefon basteln, das keinen Strom braucht?

*Schlauch (etwa 5 m lang, 10 mm Innendurchmesser)*

Elektrische Telefone gibt es erst seit gut hundert Jahren. Aber schon davor kannten die Menschen einen Trick, um sich über gewisse Entfernungen zu unterhalten, ohne schreien zu müssen. Selbst die alten Römer kannten ihn schon.
Sprich in das eine Ende des Schlauchs. Das andere halte dir ans Ohr – oder lass deinen Freund daran lauschen. Ihr könnt euch gut verständigen: Selbst leises Flüstern überträgt der Schlauch noch gut, fast wie ein Telefon. Der Schlauch könnte sogar noch ein ganzes Stück länger sein, und eine Röhre mit glatten Wänden würde den Schall noch weiter leiten.
Der Versuch zeigt, dass auch Luft den Schall gut leitet. Aber eben nur, wenn die Schallwellen beisammen bleiben und sich nicht über einen großen Raum verteilen können. In manchen römischen Palästen soll es übrigens geheime Schallröhren gegeben haben, durch die der Herrscher heimlich die Gespräche seiner Untergebenen mithören konnte.

## 60 Wie lässt sich Schall bündeln?

*Papier, großer Plastiktrichter*

Als es noch keine elektrischen Hörgeräte gab, behalfen sich Schwerhörige oft mit „Hörrohren", die wie Trichter geformt waren. Sie bündelten den Schall und leiteten ihn ans Ohr weiter. Probiere selbst.
Halte dir den Hals eines Plastiktrichters ans Ohr (Vorsicht, nicht in den Gehörgang hineinstecken!). Du hörst Geräusche aus der Richtung der Trichteröffnung lauter, die anderen deutlich leiser. Das liegt daran, dass der Trichter mit Schall ähnlich umgeht wie mit Flüssigkeit: Er fängt sie mit seiner großen Öffnung auf und leitet sie in den kleinen Hals weiter. Denselben Effekt hast du, wenn du dir aus Papier eine trichterförmige Röhre drehst und die kleinere Öffnung ans Ohr hältst.
Der Schalltrichter funktioniert auch umgekehrt: Sprichst du in die kleine Öffnung hinein, bündelt der Trichter den Schall und strahlt ihn nur in die gewünschte Richtung – und damit lauter – ab. Früher hat man solche „Flüstertüten" zum Beispiel in der Seefahrt verwendet, um von einem Schiff zum anderen zu rufen. Auch heute werden Schalltrichter, so genannte Megaphone, bei öffentlichen Veranstaltungen noch benutzt.

## 61 Wie schnell ist der Schall?

*Stoppuhr mit Zehntelsekundenanzeige*

Schall ist sehr schnell, aber für größere Entfernungen braucht er doch eine merkliche Zeit. Mit deinem Freund zusammen kannst

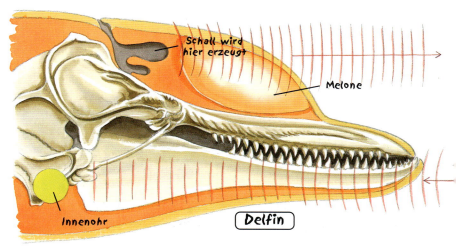

# 4 Experimente mit Schall

du messen, wie schnell sich Schallwellen ausbreiten. Schreitet eine Entfernung von etwa 300 Metern ab und stellt euch in diesem Abstand voneinander auf. Dein Freund soll einen ganz kurzen Ruf ausstoßen und gleichzeitig den Arm senken. Je weiter ihr auseinander steht, desto länger dauert es, bis nach dem Armsenken der Ruf bei dir ankommt. Wenn du eine Stoppuhr mit Zehntelsekunden-Anzeige besitzt und ein gutes Reaktionsvermögen hast, kannst du die Laufzeit des Schalls messen. In Luft legen Schallwellen, das haben genaue Messungen gezeigt, etwa 330 Meter pro Sekunde zurück.

Licht breitet sich weit schneller aus als der Schall. Daher siehst du bei einem Gewitter den Blitz sofort, während der Donner etwas länger unterwegs ist. Aus dieser Verzögerungszeit kannst du den ungefähren Abstand des Gewitters berechnen – etwa drei Sekunden entsprechen jeweils einem Kilometer.

Wenn du in der Nähe einen langen Drahtzaun hast, könnt ihr daran das Experiment wiederholen. Du wirst feststellen, dass Schall in Metallen etwa fünfmal schneller wandert.

## 62 Wie erzeugt man hohe und tiefe Töne?

*verschiedene Gummibänder, Schachtel*

Wenn du ein Gummiband spannst und daran zupfst, gibt es einen Ton von sich. Verstärke die Spannung und zupfe wieder. Der Ton ist höher. Vergleiche unterschiedlich dicke Gummibänder. Die dicksten klingen am tiefsten.

 **Weißt du …**

… dass Delfine Schallwellen benutzen, um sich unter Wasser zu orientieren und ihre Beute aufzuspüren? Sie erzeugen im Nasengang rasch aufeinander folgende „Klicklaute" im Ultraschallbereich, weit außerhalb der menschlichen Hörfähigkeit. Mit einem Fettkissen in der Stirn, der „Melone", bündeln sie den Schall und suchen damit wie mit einem Scheinwerfer ihre Umgebung ab. Die von dort zurückgeworfenen Echos gelangen über das Innenohr zum Gehirn, das aus den Schallsignalen ein räumliches Bild erzeugt. Delfine können so sogar noch millimeterfeine Drähte im Wasser orten.

Zerschneide Gummibänder in unterschiedlich lange Stücke. Bei gleicher Spannung geben die längsten die tiefsten Töne von sich. Die Töne der Gummibänder sind allerdings ziemlich leise. Du kannst sie besser hörbar machen, wenn du die Gummibänder über einen kleinen Karton spannst. Dann übertragen sich die Schwingungen auf die Pappe, und deren größere Fläche versetzt auch eine größere Luftmenge in Schwingungen.

### Weißt du …

… dass eine Geige vier auf unterschiedliche Töne gestimmte Saiten hat, eine Gitarre sechs (manche sogar 12), eine Harfe etwa 48 Saiten und ein Klavier zwar nur 88 Tasten, aber rund 200 Saiten? Denn bei manchen Tönen werden jeweils drei, bei den tiefen zwei gleiche Saiten angeschlagen, damit das Instrument voller klingt.

## 63 Kann man mit Gläsern Musik machen?

**acht dünnwandige Weingläser, Bleistift**

Für diesen Versuch brauchst du ein bisschen Fingerspitzengefühl, also lass dich nicht gleich entmutigen, wenn es nicht auf Anhieb klappt. Geige kann man schließlich auch nicht innerhalb einer Stunde spielen. Fülle ein dünnwandiges Weinglas zur Hälfte mit Wasser und fahre mit deinem sauberen, angefeuchteten Finger langsam über den Glasrand. Es entsteht ein singender Ton. Probiere ein paar Mal mit unterschiedlich feuchtem Finger. Der Ton entsteht dadurch, dass dein Finger über winzige Unebenheiten des Glases reibt und es dadurch zum Schwingen anregt. Die Tonhöhe hängt von Größe, Form und Glaswanddicke und von der Wassermenge im Glas ab. Versuche, zwei nebeneinander stehende Gläser auf die exakt gleiche Tonhöhe zu trimmen, indem du tropfenweise die Wasserfüllung veränderst. Wenn du dann eines in Schwingungen versetzt, vibriert auch der Wasserspiegel des anderen. Dieses Mitschwingen zweier Gegenstände, die auf die gleiche Tonlage abgestimmt sind, nennt man „Resonanz".

Wenn du acht Weingläser nebeneinander stellst und sie durch unterschiedliche Wasserfüllung auf die Töne der Tonleiter stimmst, kannst du darauf mit dem Bleistift kleine Lieder spielen – oder auch mit deinem nassen Finger.

## 64 Kann man aus Dosen ein Telefon bauen?

> zwei Blechdosen (leer, ohne Deckel), Metallbohrer, etwa 10 bis 20 Meter dünne Schnur

Diesen Versuch machst du am besten mit einem Freund oder einer Freundin zusammen.
Bohre in den Boden der beiden Dosen mit einem Metallbohrer jeweils ein kleines Loch. Wenn du keinen Bohrer hast, schlage einen kleinen Nagel durch den Dosenboden; auch das gibt ein Loch.
Stecke durch jede Dose ein Ende der Schnur hindurch und verknote es innen fest. Dann nimmt jeder von euch eine Dose, und ihr geht so weit auseinander, bis die Schnur straff gespannt ist. Halte deine Dose ans Ohr. Wenn dein Freund in seine Dose spricht, hörst du in deiner Dose, etwas verzerrt, seine Stimme – aber nur, solange die Schnur straff gespannt ist.
Spricht man in die Dose hinein, versetzen die Schallwellen den Dosenboden in Schwingungen. Sie laufen in der Schnur zum anderen Dosenboden. Dort werden sie wieder in Luftschwingungen zurückverwandelt. Im Prinzip arbeitet ein richtiges Telefon auch nicht viel anders, nur wird der Schall hier in elektrische Schwingungen verwandelt, die über Draht oder Funk durch die ganze Welt geschickt werden können.

## 65 Wie kann man Schall sichtbar machen?

> Schüssel, Plastikfolie, Klebeband, Sand, Alufolie, Taschenlampe

Bei diesem Experiment kannst du den Sound mal richtig dröhnen lassen – und das zu wissenschaftlichen Zwecken.
Spanne über die leere Schüssel die Plastikfolie und befestige sie mit Klebestreifen. Die Folie sollte möglichst stramm sitzen. Streue etwas Sand darauf und singe oder summe nun in Richtung Folie. Oder stelle sie vor den Lautsprecher eines Radios. Weil die Folie schwingt, werden die Sand-

körner im Takt der Sprache oder Musik hüpfen.
Lege etwas glatte Alufolie mit der glänzenden Seite nach oben in die Mitte der Folie. Beleuchte sie schräg von oben mit der Taschenlampe und beobachte den gespiegelten Lichtfleck an Wand oder Decke des Zimmers. Er tanzt im Rhythmus der Schallwellen.

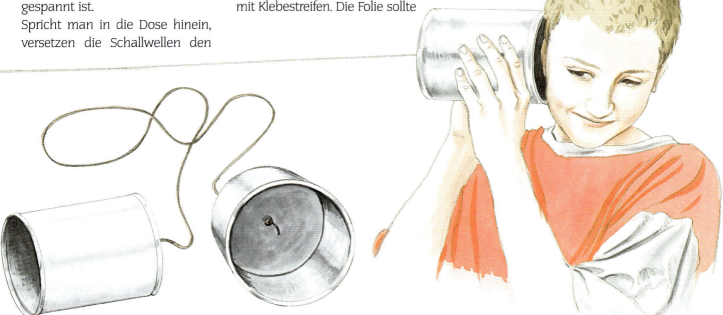

# Experimente mit Licht

Unsere wichtigsten Sinnesorgane sind die Augen. Sie vermitteln die meisten Informationen, die wir im Laufe des Lebens über die Welt sammeln. Ebenso wie die Ohren für Luftschwingungen, also Schall, empfindlich sind, reagieren die Augen auf Licht. Licht, das von der Sonne oder einer Lampe stammt, zurückgeworfenes (reflektiertes) Licht vom Mond oder von den Gegenständen im Zimmer, weißes Licht, farbiges Licht. Was aber ist eigentlich Licht?

## 66 Wie breitet sich Licht aus?

*Schreibtisch-Lampe, klare Glasscheibe, rote und grüne Farbfolie, ein Stück schwarzes Papier, Holzbrett (Frühstücksbrett), Schere, Taschenlampe*

Schalte die Lampe ein und halte zuerst das klare Glas, dann nacheinander die Farbfolien, das schwarze Papier und schließlich das Holzbrett davor.
Das Klarglas lässt das Licht nahezu unverändert durch. Auch die Farbfolien lassen das Licht durchtreten, aber sie verändern es: Aus weißem Licht machen sie rotes bzw. grünes Licht. Schwarzes Papier und Holz schließlich lassen gar kein Licht passieren.
Schneide das schwarze Papier zu einem Viereck und schneide darin einen Stern aus. Nun drehe die Lampe so, dass sie aus etwa zwei bis drei Metern Entfernung gegen eine helle Wand scheint. Halte das schwarze Papier in einigen Zentimetern Entfernung vor die Wand.
Was siehst du? Das Papier wirft einen scharfen, viereckigen Schatten mit einem ebenso scharfrandigen Stern darin. Was bedeutet das? Das Licht breitet sich offenbar in geraden Linien aus, als Bündel feinster „Lichtstrahlen".

## 67 Warum ist Milchglas undurchsichtig?

*Schreibtisch-Lampe, schwarzes Papier mit ausgeschnittenem Stern aus Versuch 66, Milchglas, klarer Klebefilm*

Licht, das hast du im vorigen Versuch herausgefunden, breitet sich geradlinig aus. Doch es gibt Ausnahmen.
Halte wie im vorigen Versuch das schwarze Papier mit dem Stern in die Nähe der Wand.
Halte aber nun außerdem ein

Stück Milchglas zwischen Papier und Wand. Statt des scharfen Schattens siehst du einen verwaschenen hellen Fleck.
Milchglas zerstreut die Lichtstrahlen. Streichst du mit der Fingerkuppe über das Milchglas, erkennst du auch den Grund dafür: Es ist rau. Wenn du einmal ein Küchensieb oder eine Fliegenklatsche aus Plastik unter einen scharfen Wasserstrahl hältst, dann kannst du dir vorstellen, was mit den Lichtstrahlen im Milchglas passiert. Die Milchglasoberfläche sieht unter dem Mikroskop aus wie ein Gebirge, und zwischen den Bergen und

# 5 Experimente mit Licht 47

Tälern werden die Lichtstrahlen hin und her geworfen, bis sie schließlich in eine zufällige Richtung das Glas verlassen – etwa so wie der Wasserstrahl im Sieb. Deshalb kannst du auch nicht durch eine Milchglasscheibe hindurchsehen. Es gibt dafür aber einen Trick, den manchmal Detektive anwenden. Klebe etwas klaren Tesafilm gegen die raue Seite: Jetzt wird das Glas wieder durchsichtig, weil der durchsichtige Klebstoff die feinen Täler einebnet.

## 68 Was reflektiert Licht am stärksten?

*Taschenlampe, Spiegel, ein Bogen weißes Papier, ein Bogen schwarzes Papier, einige Blätter Buntpapier in verschiedenen Farben*

Hast du schon einmal darüber nachgedacht, warum du die vielen Gegenstände deiner Umgebung sehen kannst? Im Gegensatz zu Sonne oder Mond oder zu einer Lampe erzeugen sie doch offenbar kein Licht.
Eine brennende Taschenlampe zum Beispiel kann man auch in einem völlig dunklen Raum sehen. Die vielen anderen Dinge aber sieht man im dunklen Zimmer nicht. Sie sind darauf angewiesen, dass etwas sie beleuchtet.
Lege die Papierblätter und den Spiegel nebeneinander auf den Tisch und verdunkle das Zimmer. Richte den Lichtstrahl der Taschenlampe auf das schwarze Papier und achte auf die Helligkeit im Zimmer. Richte dann die Taschenlampe auf das weiße Papier und achte wieder auf die Zimmerhelligkeit. Strahle das Buntpapier an und beobachte, welche Farbe das Zimmer bekommt. Leuchte schließlich auf den Spiegel. Was geschieht?
Offenbar werfen die verschiedenen Papiere und erst recht der Spiegel das aufgenommene Licht zurück. Ein Teil dieses zurückgeworfenen Lichts fällt auch in deine

> ### ❓ Weißt du …
>
> *… wie du Lichtstrahlen sichtbar machen kannst? Leuchte einfach an einem nebligen Abend mit deiner Taschenlampe in den Himmel. Der Nebel macht die Lichtstrahlen sichtbar, weil jedes Wassertröpfchen ein bisschen Licht ablenkt und streut. Auf dem gleichen Effekt beruht auch die Sage vom Gespenst auf dem Brocken, einem Berg im Harz. Dort erschien ahnungslosen Wanderern bisweilen eine riesige menschliche Gestalt, doch nur im Nebel. Und darin liegt auch die Erklärung des Spuks: Die auf- oder untergehende Sonne warf ein vergrößertes Schattenbild des Wanderers gegen eine Nebelbank.*

Augen. Nur deshalb kannst du die Dinge sehen.

Die verschiedenen Gegenstände verhalten sich dabei aber keineswegs gleich.

Das weiße Papier wirft viel Licht zurück, aber es zerstreut es dabei in alle Richtungen. Das schwarze Papier wirft kaum Licht zurück, es verschluckt offenbar das meiste Licht selbst. Das Buntpapier streut das Licht ebenfalls, es macht aber zugleich aus dem weißen Licht der Taschenlampe farbiges Licht. Der Spiegel wirft praktisch alles Licht zurück, aber er zerstreut es nicht: Die Strahlen laufen geradlinig von der Lampe zum Spiegel und dann in einer anderen Richtung weiter zur Wand. Mit einem Spiegel kannst du also die Richtung von Lichtstrahlen verändern, ohne sie sonst zu stören.

## 69 Was kann man in einem Spiegel erkennen?

*kleiner Spiegel*

Unten auf dieser Seite siehst du eine Zeile mit drei Wörtern, die man gar nicht richtig lesen kann. Nimm den Spiegel und stelle ihn genau hinter die Zeile auf das Buch. Kannst du die Wörter jetzt lesen?

Der Spiegel reflektiert die Lichtstrahlen, die auf ihn fallen. Deshalb siehst du die Buchstabenteile nun doppelt. Die gespiegelten Buchstabenhälften und die Hälften im Buch ergeben zusammen ein vollständiges Bild. Stelle dich vor einen großen Spiegel und winke deinem Spiegelbild mit der rechten Hand zu. Mit welcher Hand winkt es zurück? Im Spiegel sind immer rechts und links vertauscht.

## 70 Kann man mit Spiegeln sein Geld vermehren?

*2 kleine Spiegel, Münze*

Lege eine Münze auf ein Stück Papier. Nimm in jede Hand einen rechteckigen Spiegel und stelle die beiden Spiegel so nebeneinander auf das Papier, dass sie sich gerade hinter der Münze berühren. Nun drehe die Außenkanten der Spiegel langsam nach vorn.

Sofort erscheinen drei weitere Münzen. Wenn du weiter drehst, werden es sogar sechs oder acht Geldstücke. Leider sind sie nicht greifbar: Es sind Spiegelbilder von Spiegelbildern.

Nimm die Münze weg und zeichne stattdessen einen Buchstaben an diese Stelle. In den Spiegeln erscheint er teils verkehrt, teils richtig herum.

Wenn du genau hinsiehst, findest du auch den Grund heraus: Richtig herum ist er, wenn er zweimal gespiegelt wurde.

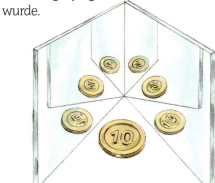

## 5 Experimente mit Licht 49

## 71 Wie blickt man in die Unendlichkeit?

*2 Spiegel*

Stelle einen der Spiegel vor dich auf den Tisch und halte den anderen so zwischen die Augen, dass du ihn im anderen Spiegel sehen kannst. Stehen die beiden Spiegel genau parallel zueinander, blickst du in eine unendliche Reihe von Spiegelbildern. Und wenn du ein brennendes Streichholz zwischen die Spiegel hältst, siehst du ein in die Ferne reichendes Flammenmeer.

## 72 Wie stellt man sich ein Periskop her?

*2 Taschenspiegel, Winkelmesser, kleine Handsäge, braunes Paketklebeband, Bleistift, Papprohre (Durchmesser ca. 10 cm, Länge 50 – 90 cm)*

Besatzungen von Unterseebooten benutzen ein Periskop, wenn sie ohne aufzutauchen aus dem Wasser blicken wollen.

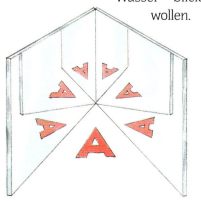

### ? Weißt du ...

*... dass viele Maler sich selbst porträtiert haben, indem sie in einen Spiegel schauten? Noch heute kann man das leicht erkennen, wenn man sich ein solches Porträt etwas genauer ansieht: Die Person auf dem Bild ist meistens Linkshänder – auch wenn der Maler in Wirklichkeit Rechtshänder war.*

Du kannst ein solches Gerät dazu benützen, um über eine hohe Mauer zu schauen. Zunächst brauchst du eine stabile Pappröhre, die du zum Beispiel in einem Bürogeschäft kaufen kannst. Frage aber erst in größeren Buchläden nach; sie bekommen oft Karten oder Poster in solchen Röhren geschickt und haben vielleicht eine übrig. Säge in die Papprohre je etwa 10 cm von den Enden entfernt einen Schlitz fast bis zur Rückwand, wie die Zeichnung zeigt. Die Schlitze sollen möglichst genau quer zur Röhre verlaufen. Miss jetzt mit dem Winkelmesser von jedem Schlitz aus einen Winkel von 45 Grad in Richtung Röhrenende ab und zeichne mit Bleistift die Linie auf die Röhre. Dann sägst du entlang dieser Linie einen weiteren Schlitz.

Nun kannst du die Spiegel einsetzen und ausrichten: Die Lichtstrahlen, die in den oberen Spiegel fallen, sollen in den unteren Spiegel und von dort in dein Auge gelangen. Wenn nötig, kannst du die Schlitze etwas nacharbeiten oder die Spiegel mit eingeklebten Pappstücken in den richtigen Winkel bringen. Stimmt alles, befestigst du die Spiegel gut mit Klebeband.

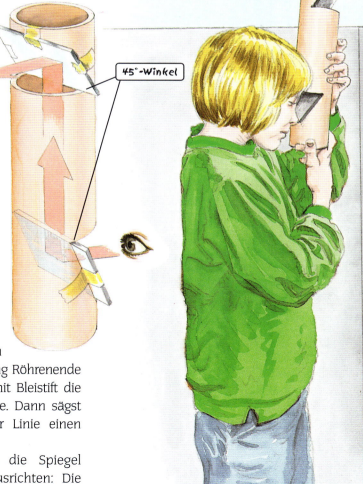

## 73 Wie kann man ein Kaleidoskop bauen?

*Zeichenkarton (30 x 15 cm), Alufolie, Klebeband, durchsichtige Kunststofffolie, bunte Plastik- oder Papierschnipsel, weißes Papier, Schere*

Der Name „Kaleidoskop" kommt aus dem Griechischen und bedeutet „Schönbildschauer". Beklebe den Zeichenkarton mit Aluminiumfolie (glänzende Seite nach außen). Knicke ihn zu einer dreieckigen Röhre und klebe sie zusammen, wie es die Zeichnung zeigt.

Über das obere Ende klebst du ein dreieckiges Papierstück, in das du ein Guckloch geschnitten hast. Verklebe das untere Ende mit der Kunststofffolie. Lege an diesem Ende einige Schnipsel farbiger Plastikfolie auf die Folie und klebe etwas weißes Papier so darüber, dass sich die eingelegten Schnipsel noch bewegen können. Hältst du dieses Ende des Kaleidoskops nun gegen das Licht und siehst hindurch, so kannst du die unterschiedlichen Muster bewundern, die die mehrfache Widerspiegelung an der Alufolie erzeugt. Beim Drehen der Röhre ordnen sie sich zu immer neuen bunten Mustern.

## ? Weißt du …

… wie du einen Metalllöffel versilbern kannst? Halte ihn vorsichtig über eine rußende Kerzenflamme, bis er ganz schwarz ist. Dann tauche ihn in Wasser ein – und schon glänzt er wie pures Silber. Ursache ist eine dünne Luftschicht auf dem Ruß: Das Licht wird an der Grenze zwischen Luft und Wasser gespiegelt.

## 74 Was ist Lichtbrechung?

*Glas, Löffel*

Dieses Phänomen kennst du bestimmt, ohne dir jemals darüber Gedanken gemacht zu haben, wie es eigentlich zustande kommt. Fülle ein Glas zu zwei Dritteln mit Wasser und stelle einen Löffel hinein. Der Griff des Löffels sieht nun aus, als ob er abgebrochen wäre – genau dort, wo er die Wasseroberfläche durchstößt.

Der obere Teil des Löffels ist tatsächlich dort, wo man ihn sieht, denn die Lichtstrahlen, die von ihm reflektiert werden, brauchen sich nur durch die Luft zu bewegen.

Der untere Teil des Löffels scheint verschoben zu sein, weil die Lichtstrahlen nicht mehr gerade weiterlaufen, wenn sie durch die Wasseroberfläche stoßen; sie werden dort etwas abgeknickt. Dieses Abknicken nennt man „Lichtbrechung". Der Löffel wirkt daher etwas verkürzt.

Noch stärker als in Wasser ist die Lichtbrechung von Glas und vor allem von Diamant; in diesem Edelstein ist sie verantwortlich für das begehrte Glitzern und Funkeln.

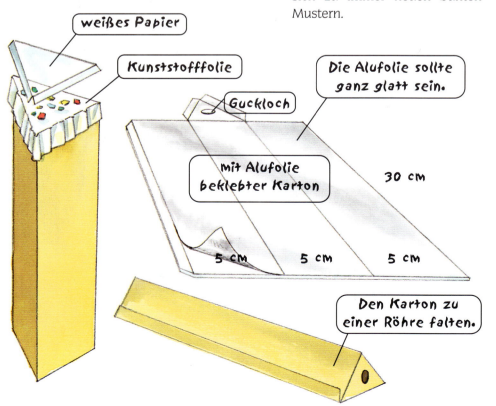

# 5 Experimente mit Licht 51

## 75 Wie sieht ein Taucher die Welt unter Wasser?

*kleiner Spiegel, Waschbecken mit Wasser*

Halte den Spiegel an den Grund des Waschbeckens und schaue von oben hinein. Nun hast du die gleiche Sicht wie ein Taucher am Boden eines Teiches. Halte den Spiegel schräg und bewege ihn, damit du möglichst viel siehst.
Die Lichtbrechung an der Wasseroberfläche sorgt für ganz eigenartige Beobachtungsmöglichkeiten. Je nach Stellung des Spiegels kannst du zum Beispiel nach oben aus dem Waschbecken herausschauen. Hältst du den Spiegel schräger, geht das plötzlich nicht mehr: Die Grenze Wasser-Luft verwandelt sich für flach verlaufende Lichtstrahlen selbst in einen Spiegel und zeigt dir den Waschbeckenboden. Man nennt dieses Phänomen „Totalreflexion". Du kannst diesen Versuch auch gut in der Badewanne ausprobieren.

## 76 Wie schaut man in einen Teich hinein?

*ein Stück weites Plastikrohr (Dachrinnenableitung aus dem Baugeschäft, etwa 12 cm Durchmesser, ca. 30 cm lang), selbsthaftende klare Küchenfolie, Paketklebeband, Schere*

Vom Ufer aus kannst du schlecht ins Wasser hineinschauen, weil die Spiegelungen und Wellen an der Oberfläche stören. Mit einem

kleinen, selbst gebastelten Gerät aber ist das ganz einfach. Spanne die Folie über ein Ende des Rohres und klebe sie fest. Ziehe sie dabei möglichst glatt. Tauchst du jetzt dein „Guck-Rohr" ins Wasser, wölbt sich die Folie durch den Wasserdruck etwas nach innen. Sie erlaubt dir nun klare Sicht auf die spannende Unterwasserwelt.

## 77 Wie funktioniert eine Lupe?

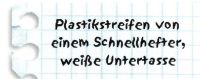

Plastikstreifen von einem Schnellhefter, weiße Untertasse

Spritze auf das eine Ende des Plastikstreifens etwas Wasser, so dass ein Wassertropfen innerhalb des Loches hängen bleibt.
Wenn du diesen Tropfen nun ganz nah an diese Schrift hältst und hindurchsiehst, erscheint sie vergrößert – der Wassertropfen arbeitet wie eine Lupe.
Der Vergrößerungseffekt hängt mit der Lichtbrechung zusammen, die du schon in Versuch 74 kennen gelernt hast. Sie verändert den Weg der Lichtstrahlen so, dass du näher an das Buch herangehen kannst als sonst und die Schrift dennoch scharf siehst.
Schau dir jetzt einmal eine richtige Lupe aus Glas an: Sie hat genauso wie der Wassertropfen gewölbte Oberflächen. Man nennt solch ein Glasplättchen mit gewölbter Oberfläche eine „Linse".

Warum? Denk mal an die Form der Linsen in der Küche ...
Wenn man mehrere Lupen so hintereinander setzt, dass die eine das Bild der zweiten nochmals vergrößert, entsteht ein Mikroskop.

## 78 Was ist ein Brennglas?

Lupe, schwarzes Papier

Dieser spannende Versuch funktioniert nur mit einer richtigen Lupe, die Wassertropfen-Lupe ist dafür nicht geeignet.
Halte die Linse ins Sonnenlicht und dahinter das schwarze Papier. Auf dem Papier erscheint die Sonne als heller Fleck. Verändere den Abstand zwischen Papier und Linse (etwa zwischen 2 bis 5 Zentimeter), bis auf dem Papier ein winziger, strahlend heller Punkt erscheint. Man nennt ihn Brennpunkt, und du siehst auch sofort, warum:

# 5 Experimente mit Licht

## Weißt du ...

... dass die Energie der Sonne in manchen tropischen Gegenden seit Jahren in großen Hohlspiegeln aufgefangen wird? Sie dient zum Entsalzen von Meerwasser, zur Stromerzeugung und – für den Hausgebrauch – zum Kochen von Speisen. Denn traditionelle Brennstoffe wie Kohle, Holz oder Stroh sind in vielen Ländern knapp, und Energie, die aus Sonnenwärme gewonnen wird, ist besonders umweltfreundlich.

Eine feine Rauchfahne kräuselt sich empor, und in wenigen Sekunden ist ein richtiges Loch entstanden. Ursache sind die energiereichen Lichtstrahlen der Sonne. Ihre Wärme kannst du auf der Haut fühlen. Die Linse hat sie auf einen winzigen Fleck konzentriert, und der ist nun richtig heiß.

## 79 Wie arbeitet ein Sonnenkraftwerk?

*halbkugelförmige Schüssel mit flachem Boden, Alufolie, Handtuchhaken mit Gummisauger*

Kleide die Schüssel innen mit blanker Aluminiumfolie aus. Streiche die Folie schön glatt, damit das Ganze wie ein Hohlspiegel wirkt. Reiße am Boden der Schüssel die Folie etwas auf und drücke dort den Gummisauger des Hakens fest. Wenn du daran eine kleine, sauber gewaschene Kartoffel oder einen Apfel befestigst und die Schüssel zur Sonne richtest, werden die Früchte binnen weniger Minuten gar sein. Denn die Aluminiumfolie sammelt die Sonnenstrahlen in der Mitte der Schüssel, dort entsteht so eine hohe Temperatur.

## 80 Wie kann man Lichtstrahlen sichtbar machen?

*Schreibtischlampe oder Taschenlampe, Kamm, weißes Papier, 4 Wäscheklammern, Schere*

Stelle Schreibtisch- oder Taschenlampe so auf, dass sie in etwa 1 Meter Entfernung steht und zu dir leuchtet. Stelle in ihren Lichtstrahl den Kamm und klemme zwei Wäscheklammern so an ihn, dass er von selbst stehen bleibt. Zwei weitere Klammern befestigst du an einem Stück Papier, so dass es ebenfalls auf dem Tisch stehen kann. Es wird als Projektionsschirm dienen.
Stelle jetzt den Projektionsschirm einige Zentimeter hinter dem Kamm auf. Deutlich zeichnen sich helle Lichter und dunkle Schatten darauf ab. Wenn du den Projektionsschirm weiter vom Kamm entfernst, werden die Streifen etwas verwaschener, aber ihr Abstand ändert sich nicht. Die Lichtstrahlen laufen also in gleich bleibendem Abstand nebeneinander her – sie laufen „parallel".

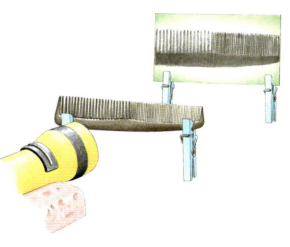

## 81 Wie verändert ein Spiegel die Strahlrichtung?

*Taschenlampe, Kamm, 2 Wäscheklammern, Spiegel*

Betrachte dir zunächst die Zeichnung auf der nächsten Seite und baue dann eine Anordnung wie dort auf: Stelle den Kamm vor die Taschenlampe und klemme zwei Wäscheklammern an ihn, so dass er stehen bleibt. Der Spiegel steht quer zum Kamm, etwa in einem Winkel von 45 Grad. Die vom Spiegel ausgehenden Lichtstrahlen zeichnen dann zusammen mit denen vom Kamm ein Muster aus kleinen Quadraten auf den Tisch. Der Spiegel verändert also die Richtung der Lichtstrahlen. Mit deinem Projektionsschirm aus Versuch 80 kannst du die abgelenkten Lichtstrahlen auffangen.

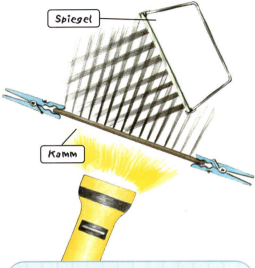

### Weißt du ...

... wie du Sammel- und Zerstreuungslinsen voneinander unterscheiden kannst? Eine Sammellinse hat eine oder zwei nach außen gewölbte Flächen. Man nennt diese Form konvex. Zerstreuungslinsen sind nach innen gewölbt. Das nennt man konkav. Mit diesem Spruch kannst du dir die Wörter konkav und konvex leicht merken: In eine konkave Linse kann man Kaffee füllen. Eine konvexe wächst nach außen.

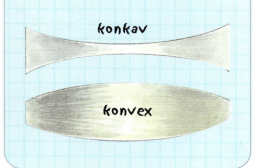

Durch drehendes Bewegen des Spiegels kannst du auf dem Tisch wunderschöne Strahlenmuster zaubern.

## 82 Welche Arten von Linsen gibt es?

*Versuchsanordnung aus Experiment 80, verschiedene Linsen (von alten Brillen oder vom Optiker, Lupen)*

Es lohnt sich, beim Optiker oder im Haushalt nach alten, ausrangierten Brillen zu fahnden und die Linsen auszubauen. Denn damit kannst du schön in deiner Versuchsanordnung mit Kamm und Lampe experimentieren.
Du wirst zwei Arten von Linsen finden. Die eine Sorte zeigt beim Durchschauen alles kleiner als in Wirklichkeit. Die andere zeigt Dinge vergrößert, die nicht allzu weit vor der Linse liegen. Zu diesem Typ gehören auch Lupen.
Baue zunächst eine Vergrößerungslinse einige Zentimeter hinter dem Kamm auf. Halte den Projektionsschirm zuerst direkt hinter die Linse und dann in immer größerem Abstand. Die Lichtstrahlen rücken mit zunehmender Entfernung immer enger zusammen und vereinigen sich schließlich in einem Punkt, dem Brennpunkt. Solche Linsen nennt man Sammellinsen.
Eine andere Linse verhält sich dagegen genau anders herum: Je weiter du mit dem Projektionsschirm weggehst, desto mehr rücken die Lichtstrahlen auseinander. Deswegen nennt man solche Linsen auch „Zerstreuungslinsen".

Wenn du verschiedene Linsen hast, kannst du sie direkt hintereinander anordnen und ihre Wirkung auf die Lichtstrahlen studieren. Zwei Sammellinsen zum Beispiel verstärken ihre Wirkung: Der Brennpunkt rückt näher an die Linsen heran.

## 83 Wie kann man eine einfache Kamera herstellen?

*kleiner Pappkarton, Pergamentpapier, Klebeband, Schere, Lupe, Bleistift*

Fotos kann man jetzt seit etwa 170 Jahren anfertigen. Doch die Kamera selbst ist viel älter als die Fotografie. Sie war schon arabischen Gelehrten im 11. Jahrhundert bekannt.
Es ist gar nicht schwer, sich eine solche Einfach-Kamera herzustellen. Bohre ein Loch in den

# 5 Experimente mit Licht

Boden des Pappkartons und spanne über die gegenüberliegende Öffnung Pergamentpapier. Betrachtest du nun mit dieser einfachen Kamera vom dunklen Zimmer aus die helle Straße, so erscheint deren Bild umgekehrt auf dem Pergamentpapier. Besser und heller wird das Bild, wenn du anstelle des Lochs eine kleine Sammellinse, zum Beispiel eine Lupe, einbaust. Du musst dann allerdings etwas herumprobieren, denn es kommt auf den genauen Abstand zwischen Linse und Pergamentpapier an. Verändere ihn so lange, bis das Bild scharf ist. Mit einem Bleistift könntest du jetzt das Bild der Landschaft auf dem Pergament festhalten. Solche Geräte nannte man früher „Camera obscura" (italienisch: geheimnisvolle Kammer) oder (ohne Linse) einfach Lochkamera. Sie dienten als Zeichenhilfe und waren die Vorläufer der modernen Foto-Kamera.

## 84 Wie arbeitet ein Scheinwerfer?

Karton, Lupe, Klebeband, Kerze

**Vorsicht: Verbrenne dich nicht!**

Schneide in den Boden des Kartons ein Loch und befestige mit Klebeband deine Lupe davor. Stelle den Karton in einem abgedunkelten Raum aufrecht auf den Tisch, so dass die Linse auf eine helle Wand zeigt. Halte einige Zentimeter hinter die Linse eine brennende Kerze. Das direkte Licht der Kerze wird durch den Karton abgeschirmt, an der gegenüberliegenden Wand aber erscheint ein riesiges, auf dem Kopf stehendes Abbild der Kerzenflamme.

Große Scheinwerfer besitzen meist außer einer gewaltigen Frontlinse noch einen hinter der Glühbirne angeordneten Hohlspiegel. Er lenkt auch diejenigen Lichtstrahlen zur Linse, die sonst nach hinten verschwinden würden, und steigert auf diese Art die Leistung des Lichtwerfers.

### ❓ Weißt du ...

... dass unser Auge ganz ähnlich arbeitet wie eine Kamera? Die Linse besteht aus durchsichtiger, gallertiger Masse und wird von Muskeln gekrümmt; so stellt sie sich auf unterschiedliche Entfernungen ein. Die Pupille steuert, wie viel Licht ins Auge fällt: Bei Dunkelheit öffnet sie sich weit; ist es hell, verengt sie sich. Das Bild der Außenwelt erscheint auf dem Kopf stehend auf der Augenhaut. Die Netzhaut ist dicht mit Sehzellen voll gepackt. Sie senden ihre Impulse über den Sehnerv ins Gehirn, das daraus Bilder zusammensetzt.

## 85 Wie funktioniert ein Diaprojektor?

> Pergamentpapier, Pappe, Klebstreifen, Draht, Knetmasse, Holzlineal oder Holzstück, Schere, Lupe, Dia

Vielleicht sind deine Eltern nicht so erfreut, wenn du in deinem Forscherdrang den Diaprojektor auseinander nimmst. Kein Problem: Baue dir selbst einen!

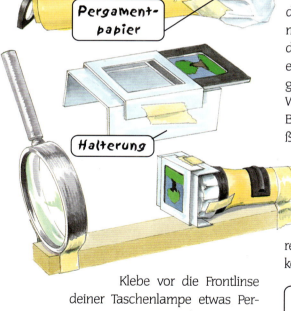

Klebe vor die Frontlinse deiner Taschenlampe etwas Pergamentpapier. Baue dir aus Pappstreifen eine kleine Halterung für Dias und klebe diese Halterung direkt vor die Taschenlampe.

Befestige die so vorbereitete Taschenlampe mit Gummiband oder Klebstreifen auf dem Holzlineal. Befestige deine Lupe mit Klebstreifen, Draht oder Knetmasse einige Zentimeter davor.

Die genaue Entfernung hängt von der Brennweite der Linse ab, das musst du ausprobieren. Richte dann die ganze Anordnung in einem abgedunkelten Zimmer gegen eine weiß gestrichene glatte Wand, auf ein gespanntes weißes Betttuch oder einen großen weißen Zeichenkarton. Durch Verstellen der Abstände kannst du erreichen, dass dein Dia groß an der Wand erscheint. Damit das Bild aufrecht ist, musst du das Dia kopfüber in die Halterung stecken.

> Wenn die Lichtstrahlen die Lupe passieren, wird dabei rechts und links sowie oben und unten vertauscht.

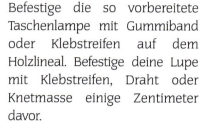

## 86 Wie kann man ein Fernrohr bauen?

> möglichst große und möglichst runde Sammellinse von einer Brille, starke kleine Lupe, weißes Papier, Knetmasse, Meterstab, Pappröhre (Durchmesser etwas kleiner als Durchmesser der großen Linse), schwarzes Papier, Schere, Klebeband

Bei diesem Versuch sollte dir ein Freund oder eine Freundin helfen. Halte die Sammellinse in einem dunklen Zimmer ans Fenster und das Papier dahinter. Verändere den Abstand, bis du ein scharfes, auf dem Kopf stehendes Bild der Außenwelt auf dem Papier siehst. Jetzt soll dein Freund mit dem Meterstab den Abstand zwischen Papier und Linse messen. Schreibe die Zentimeterzahl auf; sie entspricht der Brennweite der großen Linse.

Wiederhole dann das gleiche Experiment mit der Lupe. Auch hier messt ihr und notiert den genauen Abstand.

Zähle jetzt diese beiden Zahlen zusammen und halte die Linsen in diesem Abstand. Wenn du nun durch die Lupe schaust, siehst du

## 5 Experimente mit Licht

entfernte Dinge vergrößert. Wenn du ein geschickter Bastler bist, kannst du dir nun ein einfaches Fernrohr bauen. Schneide die große Papprohre auf die Länge, die der Brennweite der großen Linse entspricht. Klebe vor das eine Ende mit Klebeband die große Linse. Sie ist zum beobachteten Objekt gerichtet und heißt daher

Objektiv. Am anderen Ende befestigst du mit Klebstreifen die Lupe. Sie sitzt am Auge (lat. „oculus") und heißt daher Okular. Wenn du jetzt das Rohr auf weit entfernte Dinge richtest und hindurchschaust, solltest du ein scharfes Bild sehen. Ist es unscharf, kannst du es durch Verschieben der Lupe (näher ans Objektiv oder etwas weiter weg) verbessern.

Du hast nun ein Himmelsfernrohr, wie es auch die Astronomen, die Himmelsforscher, benutzen. Die stört es nämlich nicht, wenn alle Dinge auf dem Kopf stehen.

**Achtung:** Schau mit deinem Fernrohr niemals direkt in die Sonne! Sonst kannst du blind werden, weil das Fernrohr wie ein Brennglas wirkt und die Sonne in deine Augen brennt!

## 87 Wie entsteht ein Regenbogen?

Wasserschlauch, Sonnenlicht

Stelle dich an einem hellen Sommernachmittag im Garten mit dem Rücken zur Sonne und sprühe mit dem Gartenschlauch einen Wasserschleier. Ein bunter Regenbogen erscheint. Woher kommen die Farben? Aus dem klaren Wasser? Nein – aus dem weißen Sonnenlicht. Weißes Licht besteht nämlich in Wirklichkeit aus einer Mischung von Licht verschiedener Farben. Die feinen Wassertröpfchen färben das Licht nicht, aber sie brechen es. In jedem Tröpfchen wandern die einfallenden Lichtstrahlen mehrfach hin und her, bis sie den Tropfen wieder verlassen. Und dabei verhalten sich die einzelnen Farben etwas unterschiedlich: Violettes Licht wird am stärksten gebrochen, rotes Licht am wenigsten.

So wird das weiße Licht in seine farbigen Bestandteile zerlegt: Rot erscheint außen und Violett innen im Ring.

> ## ? Weißt du ...
>
> ... *dass der Regenbogen eigentlich noch weitergeht? Jenseits des roten Lichts strahlt die Sonne „infrarotes Licht" aus. Das können unsere Augen nicht wahrnehmen. Wir merken es nur als Wärmestrahlung auf der Haut. Auch jenseits von Violett gibt es noch Strahlung, nämlich „ultraviolettes Licht" (UV-Licht). Auch hier versagen unsere Augen. Die Haut nimmt jedoch UV-Licht wahr und bildet als Schutz gegen diese gefährlichen Strahlen braunen Farbstoff, das so genannte Melanin. Deshalb werden wir braun, wenn wir lange in der Sonne sind.*

## 88 Wie kann man schwarze Rosen sehen?

*durchsichtige Farbfolien (rot, grün, blau, gelb)*

Hast du schon einmal schwarzen Salat gesehen? Dann schau dir einfach mal den grünen Salat durch die rote Folie an. Auch die schöne rote Rose erscheint schwarz, wenn du sie durch eine grüne Folie ansiehst. Warum?
Rot und Grün sind ein Paar von Farben, die sich gegenseitig verdunkeln, ebenso wie Gelb und Blau. Man sagt, Rot und Grün bzw. Gelb und Blau sind „Komplementärfarben". Jede der Farbfolien lässt nur eine, nämlich ihre eigene Farbe passieren.

Alle anderen Farben schwächt sie mehr oder weniger ab. Und ganz besonders ihre Komplementärfarbe.
Die Bezeichnungen „Rot", „Grün" und „Blau" sind allerdings ungenau, denn sie umfassen sehr viele Farbtöne. Die Komplementärfarbe zu reinem Gelb ist genau genommen Blauviolett. Die Gegenfarbe zu leuchtendem Rot ist ein blaugrüner Farbton, der „Cyan" genannt wird. Und komplementär zu Grün ist ein kräftiges Rosarot, das „Magenta" heißt.

## 89 Wie stellt der Fernseher Farben dar?

*Lupe, Farbfernseher*

Schau dir mit der Lupe den Bildschirm deines Farbfernsehgeräts an – am besten ein Testbild. Du erkennst: Die Bilder sind aus winzigen Pünktchen zusammengesetzt (oder kleinen Streifen, je

*Ein roter, ein blauvioletter und ein grüner Scheinwerfer vereinigen ihre Lichtkegel. Je zwei der Grundfarben mischen sich zu einer neuen Farbe: Aus Grün und Rot entsteht Gelb, aus Rot und Blauviolett Magenta, aus Blauviolett und Grün Cyan. Man nennt diese Farbmischung „additiv", weil eine Farbe zu einer anderen hinzugefügt wird. Sie ist die Grundlage des Farbfernsehens. Du kannst es ausprobieren, indem du eine Taschenlampe mit roter und eine mit grüner Folie überklebst und den Lichtstrahl deiner „Scheinwerfer" auf weißes Papier richtest.*

nach Aufbau der Bildröhre). Zähle mal, wie viele Pünktchenfarben du findest! Zu deinem Erstaunen wirst du nur drei verschiedene Farbpünktchen entdecken: rote, grüne und blauviolette. Die ganze Farbenpracht, die dir der Schirm zeigt, mischt er aus diesen drei Farben zusammen. Man nennt sie deshalb „Grundfarben". Unsere Zeichnung zeigt dir, wie das geht. Aus Rot und Grün entsteht zum Beispiel Gelb. Rot und Blauviolett mischen sich zum rosaroten „Magenta". Blauviolett und Grün ergeben das Blaugrün, das du im vorigen Versuch als „Cyan" kennen gelernt hast. Und wenn alle drei Farben voll leuchten, ist der Schirm weiß. Aus rotem, grünem und blauviolettem Licht lassen sich alle anderen Farben zusammenmischen. Diese Art der Farbmischung mit farbigem Licht nennt man „additiv", also zusammenzählend.

## 90 Wie kann man selbst Farben zusammenzählen?

*durchsichtige Farbfolien (rot, grün, blau), 2 Taschenlampen (am besten gehen kleine, sehr helle Halogen-Stablampen), weißes Papier, Klebeband*

Farben mischen kann nicht nur die Bildröhre. Auch du kannst dich als Farbmixer versuchen.
Klebe vor eine der Taschenlampen eine rote Farbfolie und vor eine andere eine blaue und richte die farbigen Lichtstrahlen im verdunkelten Zimmer gemeinsam auf ein Blatt weißes Papier. In der Übergangszone mischt es sich zu blauvioletten Tönen. Blau und Grün mischen sich zu Blaugrün.
Schwieriger ist es, Rot und Grün zu mischen. Hier kommt es nämlich sehr auf den genauen Farbton deiner Folien an (der vermutlich nicht exakt einer der Grundfarben entspricht) und auf deren Lichtdurchlässigkeit. Probiere mit unterschiedlichen Folien und Filtern herum. Wenn es dir gelingt, leuchtet gelbes Licht vom Schirm.

## 91 Lassen sich Farben voneinander abziehen?

*durchsichtige Farbfolien oder Transparentpapier aus Bastelgeschäften – am besten in den Farben Magenta, Cyan, Gelb, Tuschkasten*

Zahlen kann man zusammenzählen (addieren), und man kann sie voneinander abziehen (subtrahieren). Auch Farben, das zeigten die vorigen Experimente, kann man addieren. Und man kann sie sogar subtrahieren! Weil das ein bisschen schwierig zu verstehen ist, solltest du dir erst einmal die Zeichnungen auf der nächsten Seite genauer ansehen.
Halte zunächst die gelbe Folie vor eine weiße Lichtquelle und schaue hindurch. Du siehst gelbes Licht. Warum?
Unsere Zeichnung zeigt dir, was geschieht: Von den drei Grundfarben, aus denen weißes Licht besteht, hält die gelbe Folie Blauviolett zurück (nämlich ihre Komplementärfarbe, siehe Versuch 88). Nur Rot und Grün kommen durch und mischen sich im Auge zu Gelb. Ganz ähnlich wirken auch die anderen beiden Folien.
Halte jetzt jeweils zwei der Folien übereinander gegen weißes Licht und beobachte die entstehenden Farben. Aus Magenta und Cyan wird Blauviolett, aus Magenta und Gelb bekommst du ein warmes Rot, und Cyan mischt sich mit Gelb

## ? Weißt du ...

... dass auch das Regenbogenlicht eigentlich nur aus den drei Grundfarben Blauviolett, Rot und Grün besteht? Die anderen Farben im Regenbogen sind aus diesen Grundfarben zusammengemischt. Deswegen ist Gelb auch in der Mitte des Regenbogens zwischen Rot und Grün. Die Ursache für die Existenz dieser drei Grundfarben liegt in unserem Auge. Dort haben wir drei Arten von farbempfindlichen Sehzellen (Zäpfchen). Eine ist für Blauviolett empfindlich, die zweite für Rot und die dritte für Grün. Das Auge zerlegt also jeden einfallenden Lichtstrahl in diese drei Farbeindrücke und meldet die jeweilige Stärke ans Gehirn, wo dann das entsprechende Farbempfinden entsteht.

zu Grün. Denn das weiße Licht ist ja aus den drei Grundfarben Blauviolett, Grün und Rot zusammengesetzt. Und die Farbfolien schlucken jeweils das Licht ihrer Komplementärfarbe. Weil hier Farben voneinander „abgezogen" werden, nennt man diese Art der Farbbearbeitung „subtraktiv".

Genauso entstehen übrigens auch die Farben in deinem Tuschkasten. Wenn du eine Farbschicht auf weißes Papier malst, verhält sie sich wie deine Farbfolie: Sie zieht von dem weißen Licht, das das weiße Papier zurückstrahlt, ihre Komplementärfarbe ab.

## Weißt du …

… dass die subtraktive Farbmischung auch die Grundlage des Farbdrucks ist? Wenn du dir einmal ein gedrucktes Farbbild mit der Lupe ansiehst, erkennst du, dass es aus kleineren und größeren Pünktchen besteht. Neben Schwarz wirst du nur drei verschiedene Farben sehen: Gelb, Magenta und Cyan. Diese drei Farben sind die Grundfarben der Farbdruckerei. Zuerst trägt eine Farbwalze nur die gelben Bildpartien auf. Eine weitere legt die magentafarbenen darüber. Die dritte fügt Cyan hinzu. Und dann gibt es schließlich noch eine vierte, die mit schwarzer Farbe den Text erzeugt und außerdem noch besonders dunkle Stellen im Bild etwas nachdunkelt. Vielleicht besitzt du zu Hause einen Farb-Tintenstrahldrucker. Dann wirst du diese drei Druck-Farbtöne schon kennen.

**Tipp:** Wenn du keine Farbfolien in Magenta und Cyan bekommst, kannst du den Versuch auch mit roten und grünen Folien machen. Allerdings stellen diese Folien Mischfarben dar. Eine rote Folie zum Beispiel enthält schon die Farben Magenta und Gelb. Sie hält daher die Farben Grün und Blauviolett zurück. Wenn Du also grüne und rote Folie hintereinander hältst, werden Grün, Blauviolett und Rot geschluckt – du siehst Schwarz!

Weißes Licht, durch eine gelbe, eine magentarote und eine cyanblaue Farbfolie gesehen. Jede der drei Folien schluckt eine Grundfarbe des Lichts; wo sich alle drei überlagern, dringt gar kein Licht mehr hindurch. Weil hier Farben voneinander abgezogen werden, heißt diese Farbmischung subtraktiv.
Auf der Zeichnung unten siehst du, wie sich jede Farbe durch drei Farbfilter aus weißem Licht erzeugen lässt.

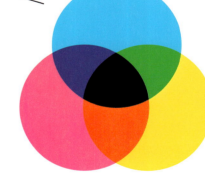

Von oben siehst du acht Strahlen weißes Licht einfallen, bestehend aus den drei Grundfarben Blauviolett, Grün und Rot. Von links nach rechts siehst du, was geschieht, wenn das Licht auf die verschiedenen Farbfolien trifft (als gelbe, cyan- und magentafarbige Querbalken gezeichnet). Die Kästchen am Fuße der „Säulen" zeigen die Farbe des entstehenden Lichts. Ohne Filter mischen sich die drei Grundfarben zu Weiß. Die cyanfarbene Folie schluckt Rot; übrig bleiben Blauviolett und Grün, die sich im Auge zu Cyan mischen. Die gelbe Folie dagegen sperrt Blauviolett, lässt aber rotes und grünes Licht durch, was wir als „Gelb" sehen. Alle drei Filter zusammen lassen gar kein Licht durch – wir sehen Schwarz.

# 5 Experimente mit Licht

## 92 Wie kann man Schatten farbig anmalen?

*2 Taschenlampen, durchsichtige Farbfolien (rot, blau), weißes Papier, Klebeband*

Fast immer werden Schatten grau oder schwarz gezeichnet. In diesem Versuch kannst du zur Abwechslung mal farbige Schatten werfen!

Klebe vor eine Taschenlampe blaue, vor die andere rote Folie. Lasse beide Lampen auf das weiße Papier scheinen und halte deine Hand in den Strahlengang. Sie wirft zwei Schatten: Derjenige von der roten Lampe ist bläulich, der von der blauen eher rot. Wo sich die Schatten vermischen, entsteht Violett.

## 93 Warum ist der Himmel blau?

*Glas, Milch, Taschenlampe*

Warum ist er nicht statt dessen rosa, grün oder gelb? Oder einfach weiß, wo ihn doch weißes Sonnenlicht bestrahlt?

Fülle das Glas mit Wasser und gieße etwa einen Esslöffel Milch hinein, so dass eine schwach getrübte Flüssigkeit entsteht. Lass den scharf gebündelten Lichtstrahl einer Taschenlampe durch die Flüssigkeit im Glas fallen – einmal von der Seite, dann von hinten. Schau dabei von vorn ins Glas hinein. Die verdünnte Milch erscheint wolkig, weil die winzigen Fetttröpfchen der Milch den Lichtstrahl in alle Richtungen streuen.

Das Verblüffendste aber ist: Dieselbe Flüssigkeit unter der gleichen Lichtquelle erscheint gleichzeitig bläulich (wenn das Licht von der Seite kommt) und rötlich (wenn das Licht von vorn kommt).

Man nennt diese Erscheinung „Tyndall-Effekt". Ursache sind die verschiedenen Lichtfarben, aus denen sich weißes Licht zusammensetzt. Sie verhalten sich beim Zerstreuen unterschiedlich: Das blaue Licht wird viel stärker gestreut als das rote. Daher scheint der Lichtkegel, der von der Seite kommt, bläulich: Du siehst vor allem gestreutes Licht. Das hindurchscheinende Licht dagegen ist gelblich oder rötlich, denn es hat einen Teil seines Blauanteils durch die Streuung verloren.

Der Tyndall-Effekt ist auch für das Blau des Himmels und für die rötlichen Sonnenuntergänge verantwortlich. Das Sonnenlicht wird an den kleinsten Teilchen der Luft, den Molekülen, gestreut – ebenso wie das Taschenlampenlicht an den Fetttröpfchen der Milch im Glas. Dabei werden aber die blauen Anteile des Lichts stärker gestreut als die roten. Das Himmelsblau stammt aus gestreutem Sonnenlicht, auf das wir „seitlich" draufschauen.

Geht die Sonne auf oder unter, so muss ihr Licht einen besonders langen Weg durch die Lufthülle zurücklegen. Vor allem, wenn die Luft viel Feuchtigkeit enthält, wird dabei ein großer Teil des Sonnenlichts gestreut – vor allem blaues, so dass Rot übrig bleibt.

Deshalb scheint die Sonne frühmorgens oder abends rötlich. Feuchte Luft ist ein Anzeichen für aufziehenden Regen – daher die Wetterregel, dass besonders farbige (also rote) Sonnenuntergänge schlechtes Wetter voraussagen.

## 94 Was ist schwärzer als schwarz?

*weißes Papier, verschiedene schwarze Dinge (Schulheft, Holzkohle, Ruß), Schuhkarton, schwarze Tusche, Schere, verschiedene weiße Papiersorten (Schreibmaschinenpapier, Zeitungspapier, Zeichenkarton, Umweltschutzpapier), weiße Kreide*

Lege nebeneinander auf weißes Papier schwarze Gegenstände: etwa ein schwarzes Schulheft, ein Stückchen Holzkohle, schwarze Tuschfarbe und etwas Ruß aus dem Ofen. Welches Schwarz ist das schwärzeste? „Schwarz" nennen wir etwas, das wenig Licht reflektiert. Selbst schwarze Gegenstände aber werfen wenigstens einen kleinen Teil des auftreffenden Lichtes zurück – die einen mehr, die anderen weniger.
Male den Schuhkarton innen schwarz an, schneide ein münzgroßes Loch in den Deckel und vergleiche dessen Schwarz mit den anderen Gegenständen. Es ist noch schwärzer als selbst Ruß: Das Loch im Schuhkarton verschluckt alle hineinfallenden Lichtstrahlen, sie laufen sich an den schwarzen Innenwänden tot. Lege weißen Zeichenkarton, Schreibmaschinen-, Zeitungs- und Umweltschutzpapier nebeneinander. Sie sind alle weiß – und doch ganz unterschiedlich hell. Im Vergleich etwa mit dem Zeichenkarton wirkt selbst das Schreibmaschinenpapier leicht grau.
Male mit Kreide einen Strich auf weißes Papier: Er ist noch weißer als das Papier.
Weiß nennen wir einen Gegenstand, der möglichst viele Lichtstrahlen, gleich welcher Farbe, zerstreut zurückwirft. (Ein Spiegel wirft alles Licht zurück, aber er streut es nicht und wirkt daher auch nicht weiß.) Aber Weiß ist offenbar nicht gleich Weiß, der Übergang zu grau ist fließend. Unser Auge allerdings passt sich an und nennt den jeweils hellsten Gegenstand weiß. Erst ein Vergleich macht die Unterschiede deutlich.

## 95 Wie kann man unsichtbare Gase sichtbar machen?

*Natron (=Backpulver), Einmachglas, Essig, Trinkglas, helle Lampe, weißes Papier, Zucker*

Hast du schon einmal im Sommer über ein sonnenbeschienenes Blechdach oder eine

---

 **Weißt du …**

*… was eine Luftspiegelung ist? Wenn du an einem windstillen Tag im Sommer auf eine sonnenbeschienene Straße blickst, scheint sie sich in einiger Entfernung in einen silbernen Fluss zu verwandeln. Das liegt daran, dass die Luft direkt über dem Asphalt von der Straße aufgeheizt wird und daher wärmer ist als die Luftschichten darüber. Damit ist sie auch dünner, und daher werden flach einfallende Lichtstrahlen an der Grenze zwischen kühler und wärmerer Luft gespiegelt. In der Wüste gibt es Luftspiegelungen, so genannte Fata Morgana, bei denen die Strahlen sogar mehrfach von verschieden warmen Luftschichten gespiegelt werden. Dann kann man Städte oder Palmengruppen über große Entfernungen sehen.*

# 5 Experimente mit Licht 63

von der Sonne aufgeheizte Asphaltstraße geschaut? Die Luft darüber flimmert, und die dahinter liegenden Dinge erscheinen verzerrt. Woher kommt das?

Schütte etwas Natron bzw. Backpulver in ein großes Einmachglas und gieße etwas Essig darüber. Das Gemisch schäumt auf, ein Gas namens Kohlendioxid entweicht (du wirst ihm später im Kapitel Chemie wieder begegnen).

Dieses Gas ist farblos und normalerweise unsichtbar. Richte die Lampe gegen das weiße Papier und neige vorsichtig das Glas über den Lichtstrahl (achte darauf, dass kein Essig ausfließt!): Das Kohlendioxid ist schwerer als Luft und fließt über den Glasrand. Dabei zeichnen sich helle und dunkle Wölkchen und Fäden auf dem Papier ab.

Auch die eigentlich unsichtbaren Gase lenken die Lichtstrahlen ab. Das fällt normalerweise nicht auf. Wenn sich aber Gaswolken mit verschiedenen Eigenschaften mischen, sehen wir diese unterschiedlichen Lichtablenkungen – zum Beispiel in Form von Flimmern und Schleiern wie beim Blechdach, wo sich warme und kühlere Luft mischt. Oder, wie in unserem Versuch, in Form von „Schlieren" im Schattenbild beim Vermischen von Luft und Kohlendioxidgas, das aus dem Einmachglas hinausfloss. Unterschiedliche Lichtablenkungen gibt es auch bei Flüssigkeiten: Wirf einen Zuckerwürfel in ein Glas mit warmem Wasser und schaue von der Seite hinein. Auch hier bilden sich Schlieren, weil die Zuckerlösung die Lichtstrahlen ablenkt.

## 96 Wie lassen sich unsere Augen überlisten?

Du meinst vielleicht, deine Augen würden dir ein exaktes Bild von der Umwelt vermitteln. Das stimmt zwar meistens, sonst könntest du nicht lebend eine Straße überqueren oder ein Fahrrad lenken. Dennoch gibt es bestimmte Bilder, die dir die Ungenauigkeiten und Sehfehler der Augen deutlich machen. Man nennt solche Bilder „optische Täuschungen", und du findest hier einige der bekanntesten.

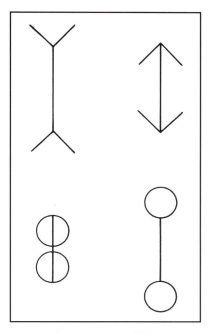

*Kurze und lange Linien – wirklich?*

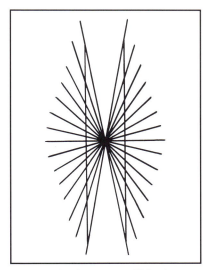

*Sind die senkrechten Linien wirklich gekrümmt?*

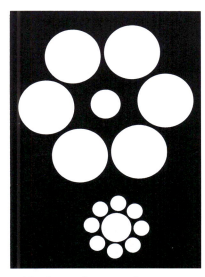

*Welcher der Innenkreise ist größer?*

*Das Auge sieht Schatten, wo keine sind.*

# Experimente mit Mechanik

**Kräfte regieren unsere Welt.** Jeden Tag spürst du die Schwerkraft, die dich am Boden hält und sich dir widersetzt, wenn du etwas Schweres heben willst. Dennoch haben die Menschen gewaltige Bauwerke geschaffen. Die alten Ägypter schichteten vor fast 5000 Jahren über zwei Millionen riesige Kalkstein-Blöcke zur Cheops-Pyramide auf. Riesige Steinbauten entstanden auch in Mesopotamien, in China, in Mittel- und Südamerika und in Europa. Schon damals machten sich die Menschen einfache Techniken und Maschinen zu Nutze, um große Lasten zu bewegen: den Hebel, das Rad, die schiefe Ebene.

## 97 Wie kann man schwere Gegenstände von der Stelle bewegen?

*kleines Brett, schwerer kleiner Gegenstand (z. B. Stein), Nagel, Gummiband, 3 runde Bleistifte, Murmeln, Lineal*

Schlage in die schmale Seite des Bretts einen Nagel ein und befestige daran das Gummiband. Es sollte nicht zu dünn sein, sonst reißt es schnell. Lege den Stein auf das Brett und ziehe vorsichtig am Gummi. Zunächst dehnt er sich nur, doch dann bewegt sich das Brett vorwärts. Miss jetzt die Länge des gedehnten Gummis und schreibe sie auf.
Lege dann unter das Brett die drei Bleistifte und ziehe wieder am Gummi. Was stellst du fest? Du brauchst deutlich weniger Kraft, das Brett bewegt sich leichter vorwärts.

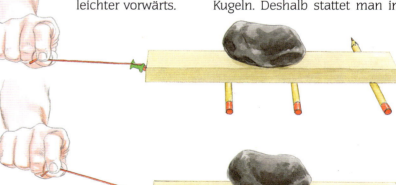

Miss jetzt wieder die Länge des gedehnten Gummis. Er ist kürzer. Im nächsten Schritt probierst du dasselbe mit den Murmeln: Du wirst feststellen, dass sich das Brett nun noch leichter bewegen lässt. Der Gummi wird noch weniger gedehnt.
Warum ist es so mühevoll, das Brett auf einer flachen Unterlage zu ziehen? Daran sind vor allem die Kräfte zwischen den kleinsten Stoffteilchen, den Molekülen, schuld. Sie versuchen, das Brett festzuhalten, und je größer die Auflagefläche ist, desto stärker. Man nennt das die „Gleitreibung" und braucht viel Kraft, um sie zu überwinden. Sehr viel kleiner ist die Auflagefläche bei der „Rollreibung". Deshalb lässt sich das Brett auf den Bleistiften schon viel leichter bewegen.
Am kleinsten ist die Reibung bei Kugeln. Deshalb stattet man im Motor schwer belastete Achsen und Wellen mit Kugellagern aus und macht sie so leicht beweglich.
Du kannst diesen Versuch auch einmal mit einem schweren Pappkarton und drei Besenstielen ausprobieren. Fülle den Karton mit Büchern und versuche, ihn zu ziehen. Es geht sicher

## 6  Experimente mit Mechanik   65

sehr schwer. Wenn du dagegen zwei Besenstiele unter den Karton legst – den einen mehr vorn, den anderen in der Mitte –, lässt er sich leicht rollen. Du musst nur jeweils den Besenstiel, der hinten wegrollt, schnell vorn wieder unterschieben. Mit drei Stielen geht das ganz mühelos.

> **? Weißt du …**
>
> … *dass du ohne Reibung keinen Schritt gehen könntest? Bei jedem Schritt würden dir die Füße wegrutschen – noch schlimmer als auf Glatteis. Fahren wäre ebenso unmöglich. Und ohne Reibung hielten auch keine Schraube und kein Nagel in der Wand. So lästig die Reibung im Alltag oft sein mag, so ist sie doch notwendig.*

## 98 Wie kann man schwere Gegenstände anheben?

*Stein, großer Schraubenzieher, Hammerstiel*

Was machst du, wenn eine Kiste so schwer ist, dass du sie nicht mal an einer Seite etwas hochziehen kannst? Wenn du schon einmal Arbeiter beobachtet hast, die vor diesem Problem standen, kennst du sicher auch das Werkzeug, das sie dafür verwenden: die Brechstange. Das ist eine etwa einen Meter lange Stange aus Stahl, deren Ende abgeflacht ist. Vielleicht kannst du dir so eine Brechstange einmal ausleihen, sonst führe den Versuch an einem kleineren Stein mit einem langen Schraubenzieher aus.
Schiebe das abgeflachte Ende des Schraubenziehers unter den Stein, lege den Hammerstiel nahe an dieses Ende und drücke das andere Ende herunter. Ohne große Mühe hebt sich der Stein; der Stiel des Hammers dient dabei als Stütz- und Drehpunkt.
Du beobachtest: Um eine große Last einige Zentimeter zu heben, musst du das andere Ende des Schraubenziehers mit geringer Kraft einige Dutzend Zentimeter herabdrücken. Was du an Kraft sparst, musst du an zusätzlichem Weg aufwenden.
Was du hier benutzt hast, ist eine der ältesten und einfachsten „Maschinen": der Hebel. Achte einmal darauf, wo du überall solche Hebel antriffst, die deine Kraft vervielfachen: zum Beispiel in der Zange, im Nussknacker, bei der Schubkarre, in der Schere oder beim Arbeiten mit dem Schraubenschlüssel.

## 99 Mit welchen Schrauben kann man am leichtesten arbeiten?

2 Holzschrauben (unterschiedliche Gewindesteigung, aber gleiche Länge und gleicher Durchmesser), Schraubenzieher, altes Holzbrett

Sieh dir die beiden Schrauben einmal etwas genauer an: Die eine hat wenige, aber steile Windungen. Die andere hat viele Windungen, die dafür aber flacher ansteigen. Wenn du ein Floh wärst und müsstest die Windungen zum Schraubenkopf emporsteigen: Welche Schraube würdest du bevorzugen?

Schraube beide Holzschrauben nebeneinander in das Brett und vergleiche dabei: Wie viel Kraft musst du jeweils aufwenden? Wie oft musst du den Schraubenzieher jeweils herumdrehen?

Bei der Schraube mit weniger Windungen brauchst du viel Kraft und wenige Umdrehungen. Bei der Schraube mit vielen Windungen brauchst du weniger Kraft und viele Umdrehungen. Auch hier gilt also wieder das Prinzip des Hebels: Statt größerer Kraft längerer Weg.

**Tipp:** Hier ein Trick, wie man sich das Einschrauben noch leichter machen kann. Kratze mit der Schraube vorher an einem Seifenstück. Die Seife wirkt als Schmiermittel, ähnlich wie Fett oder Öl.

## ? Weißt du ...

... dass Flüssigkeiten die Reibung verringern? Das liegt daran, dass sich die Flüssigkeitsteilchen untereinander nicht so stark anziehen wie die Moleküle von festen Körpern. Deshalb ölen wir zum Beispiel Türen oder Fahrradketten. Und deshalb kann man auf nasser Straße mit dem Fahrrad oder mit dem Auto viel schlechter bremsen als auf trockener. Das Wasser verringert die Reibung zwischen Reifen und Straße. Als Schmiermittel ist Wasser trotzdem nicht geeignet, denn es fördert das Rosten und verdampft bei höheren Temperaturen. Mineralöl hat diese Nachteile nicht. Nimm einmal etwas Öl zwischen die Finger. Es fühlt sich rutschig an.

## 100 Was macht Stärke hart wie Gips?

Stärke (kein Mehl!), tiefer Teller, Küchenpapier

Rühre die Stärke mit wenig Wasser in einem tiefen Teller zu einem zähflüssigen Brei an. Er sollte frei von Klumpen sein.

Tauche nun langsam einen Finger hinein. Wenn du ihn hinausziehst, ist er weiß. Das wird dich kaum überraschen.

Aber Geduld. Wisch dir den Finger mit dem Papier sauber und versuche, ihn noch einmal einzutauchen, jetzt aber ganz rasch. Du wirst staunen: Dem schnellen Finger gegenüber verhält sich der Brei hart wie Gips. Die Moleküle der Stärke bilden eine Art Schwamm und binden das Wasser in zahllosen Hohlräumen. Wenn du langsam drückst, hat das Wasser Zeit, dem Druck nachzugeben und herauszufließen. Wenn du aber ganz schnell drückst, schaffen es die Wassermoleküle nicht so fix, weil die Anziehungskräfte zwischen Stärke und Wasser (also die Reibung) zu groß sind.

Den gleichen Effekt gibt es bei reinem Wasser, allerdings erst bei sehr hohen Geschwindigkeiten. Wenn du etwa vom 10-Meter-Turm ins Becken springst, teilt sich das Wasser beim Auftreffen. Würdest du aber ohne Fallschirm aus einem Flugzeug stürzen, könnte es dir egal sein, ob unten Meer oder Land ist: Das Wasser wirkt bei dem hohen Falltempo hart wie ein Betonboden.

## 101 Wie kann man schwere Lasten hochziehen?

Bücher, ein großes, flaches Buch, Spielzeugauto, Gummiband, Lineal

Schon vor Jahrtausenden errichteten die Menschen gewaltige

# 6 Experimente mit Mechanik 67

Bauwerke. Sie lösten dabei erstaunliche technische Probleme. Zum Beispiel brachten sie es fertig, den schweren Deckstein auf ein Hünengrab zu wuchten. Oder sie schafften die tonnenschweren Bausteine für die oberen Teile der Pyramide auf die hoch gelegene Arbeitsplattform. Heben konnte man diese riesigen Gewichte nicht, und Kräne für

auch die Schräge ist ein Hebel: statt großer Kraftaufwendung langer Weg. Du findest das Prinzip der „schiefen Ebene" zum Beispiel bei der Leiter, der Treppe und bei Bergstraßen.

Sie sind meist gewunden, denn die „Serpentinen" verlängern den Weg zum Gipfel und machen ihn weniger steil. Die alten Baumeister schütteten lange, schräg nach oben führende

Rampen auf, um schwere Steinblöcke an den richtigen Ort zu ziehen. Nach dem Bau wurden sie wieder abgetragen.

solche Lasten waren damals noch nicht erfunden. Aber man wusste sich zu helfen. Wie? Probiere es aus! Lege die Bücher in einem Stapel auf den Tisch. Befestige dann vorne am Auto das Gummiband. Jetzt hebst du das Auto am Gummiband bis zur Kante des Bücherstapels in die Höhe. Dabei dehnt sich der Gummi aus. Wenn das Auto am Band hängt, misst du die Länge des gedehnten Gummis. Lege nun das große Buch schräg gegen den Bücherstapel. Ziehe das Auto diese „schiefe Ebene" hinauf und miss wieder die Länge des Gummis. Er wird weniger stark gedehnt. Schräg hinauf geht es deutlich leichter, obwohl das Auto einen längeren Weg zurücklegen muss.
Einen Gegenstand eine „schiefe Ebene" hinaufzuziehen ist viel einfacher, als ihn zu heben. Denn

## ❓ Weißt du ...

*... warum Ketchup so schwer aus der Flasche zu bekommen ist? Beim Ketchup hängen die Moleküle im Ruhezustand ziemlich fest zusammen. Mit etwas mechanischer Kraft, nämlich durch Schütteln, lassen sie sich aber leicht lösen. Wer nicht damit rechnet, hat plötzlich jede Menge Ketchup auf dem Teller. Geschüttelter Ketchup ist viel dünnflüssiger als ruhender. Man nennt diese Erscheinung „Thixotropie". Sie wird durch bestimmte Zusätze auch bei Malerfarben erzeugt. Solange der Pinsel die Farbe bewegt, ist sie dünnflüssig und lässt sich gut verstreichen. Ist der Pinsel weg, wird sie dickflüssig und tropft daher nicht als „Nase" herunter.*

## 102 Wie könnte man eine schwere Kiste in ein Baumhaus schaffen?

> Rolle (aus dem Eisenwarengeschäft), Tau

Eine Rampe zu deinem Baumhaus aufzuschütten – das ist wohl doch zu viel Aufwand. Aber es gibt noch andere Tricks. Befestige die Rolle an einem kräftigen Ast über dem Baumhaus. Knote das Seil um die Kiste und führe es so durch die Rolle, dass sein freies Ende herabhängt. Wenn du jetzt an dem Seil ziehst, wird sich die Kiste nach oben bewegen.

Solche Rollen sind sehr nützlich, weil man mit beiden Beinen auf der Erde viel besser ziehen kann und gleichzeitig genügend Platz für Helfer vorhanden ist.

Früher benutzte man Rollen, die meist an dreibeinigen Gestellen aus Holzstangen aufgehängt waren, um große Lasten hochzuheben, zum Beispiel, um sie auf Wagen, Schlitten oder Flöße zu laden.

Auch in der Takelage der alten Segelschiffe gab es Dutzende solcher Rollen, dort „Blöcke" genannt. Sie dienten unter anderem zum Hochziehen der Segel von Deck aus.

## 103 Was ist in der Mechanik eine Übersetzung?

> Brett, 2 Nägel, Hammer, 1 kleines Glas und 1 großes Glas mit Deckel (wichtig sind unterschiedliche Durchmesser), Gummibänder

Schlage die beiden Nägel im Abstand von etwa 12 bis 15 Zentimetern von unten durchs Brett, so dass sie oben jeweils einige Zentimeter herausschauen. Bohre in die Deckel der beiden Gläser je ein Loch und schraube sie dann auf die Gläser. Stecke auf den einen Nagel das kopfüber gestülpte große Glas, auf den anderen das kleine Glas. Verbinde beide „Rollen" mit Gummibändern. Achte dabei darauf, dass der Gummi nicht zu straff sitzt.

Drehst du jetzt langsam am großen Glas, so rotiert das kleine Glas schnell. Zähle, wie viele Umdrehungen es macht, während du das große Glas einmal drehst. Das Verhältnis beider Drehzahlen nennt man „Übersetzung". Drehe jetzt das kleine Glas. Du musst es oft drehen, bis das große Glas eine Umdrehung gemacht hat. Dies ist eine „Untersetzung".
Solche Riemenantriebe, über die man Drehzahlen variieren kann, findest du in vielen Maschinen, sogar bei deinem Fahrrad: Du brauchst dir nur einmal die Kette und ihre Zahnräder anzusehen.

## 104 Wie kann man seine Kraft vervielfachen?

> 2 glatte Besenstiele, etwa 5 Meter kräftiges Nylonseil, zwei Helfer

Mit diesem Versuch kannst du deinen Freunden deine enorme Körperkraft vorführen. Es steckt natürlich ein Trick dahinter.
Knote ins Ende des Seils eine feste Schlinge und schiebe sie über einen der Besenstiele. Zwei Freunde sollen nun die Stiele in etwa 30 Zentimetern Abstand halten. Du wickelst das Seil drei Mal um beide Stiele, wie die Zeichnung auf der nächsten Seite zeigt. Dann sollen deine Freunde versuchen, die Besenstiele auseinander zu ziehen, während du am Seil ziehst. Auch wenn deine Freunde ihre ganze Kraft einsetzen, wird es ihnen nicht gelingen. Dagegen kannst du mit wenig Kraft durch Ziehen am Seil die Stiele zusammenbringen.
Auch hier findest du das Hebelprinzip, ähnlich wie in Experi-

ment 102: Besenstiele und Seil arbeiten als eine Art Kraftwandler zusammen. Wie geht das? Nimm einmal an, du ziehst das Seil um 1 Meter zu dir heran. Dann würden die beiden Stiele aber wegen der drei Wicklungen nur um ein Sechstel dieser Länge, nämlich etwa 17 cm, näher aneinander rücken.

Anders herum: Wenn deine Freunde die Stiele um 17 cm weiter auseinander ziehen wollten, müssten sie dein Seilende um 1 Meter verkürzen. Oder noch anders: Um die beiden Stiele um 17 cm auseinander zu ziehen, brauchen sie sechsmal so viel Kraft wie du, wenn du das Seil um 17 cm verkürzt. Praktisch kommt also heraus: Bei drei Windungen bist du sechsmal so stark wie deine beiden Freunde.

Ein vergleichbares Gerät, das allerdings mit Rollen statt mit Besenstielen arbeitet, ist der „Flaschenzug". Ein Seil läuft dabei über mehrere Rollen, dabei wird der Kraftaufwand auf mehrere Seilstrecken verteilt. Flaschenzüge wurden früher oft zum Heben von schweren Lasten eingesetzt. Heute sind sie seltener in Gebrauch, oft verwendet man statt dessen starke Motoren.

Dieser Flaschenzug verteilt die Last auf vier Seilstrecken – man braucht also nur 1/4 der Kraft.

## 105 Wovon hängt die Schwingungszahl eines Pendels ab?

2 Flaschen, Schnur, Besenstiel, Schere

Schaukelst du gern? Dann weißt du sicher: Wer schaukelt auf der gleichen Schaukel schneller, ein kleines Kind von drei Jahren oder ein schwerer Erwachsener? Probiere es aus: Sie schaukeln beide gleich schnell!
Einfacher als mit der Schaukel kannst du mit Flaschen an Schnüren experimentieren.
Binde mit einem zuverlässigen Knoten zwei gleiche Flaschen an je eine Schnur von genau 50 Zentimetern Länge. Die Schnüre kannst du oben zum Beispiel an einen Besenstiel binden, den du über zwei Stühle gelegt hast. Stoße die Flaschen nun an, so dass sie schwingen. Welche schwingt schneller? Wenn du die Schnüre exakt gleich lang gemacht hast, werden sie gleich schnell schwingen.
Fülle jetzt eine der Flaschen mit Wasser. Welche schwingt jetzt schneller? Offensichtlich ist das Schwingungstempo nicht vom Gewicht abhängig.
Leere die Flasche wieder, aber verlängere eine der Schnüre um etwa zehn Zentimeter. Welche der beiden Flaschen schwingt jetzt schneller?
Die Schwingungszeit eines Pendels ist nur von der Länge der Schnur abhängig. Je kürzer das Pendel, desto rascher schwingt es hin und her.
Weil Pendel so gleichmäßig schwingen, wurden sie früher in großen Uhren als Taktgeber verwendet. Sie sorgten dafür, dass die Uhrzeiger im exakt richtigen Tempo vorrückten, die Uhr also nicht vor- oder nachging. Heutige (elektronische) Uhren haben keine Pendel, sondern kleine schwingende Quarz-Kristalle, die die Uhren steuern.

## 106 Warum wird man beim Anfahren in den Autositz gedrückt?

dickes Buch, Schreibpapier

Lege das Buch auf ein Blatt Schreibpapier. Ziehst du langsam am Papier, kommt das Buch mit. Wenn du aber ruckartig ziehst, bleibt das Buch liegen, und du ziehst das Papier darunter hervor.
Ruhende Gegenstände haben das Bestreben, in Ruhe zu bleiben. Sitzt du ruhig in deinem Autositz und das Auto fährt plötzlich an, so geht es dir wie dem Buch: Der Körper möchte an der alten Stelle verharren, das Auto aber fährt unter ihm weg. Säßest du hinten auf einer offenen Ladefläche, würdest du hinunterpurzeln. So aber schiebt dich der Autositz vorwärts, was dir so vorkommt, als würdest du in den Sitz gedrückt.
Für bewegte Körper gilt dasselbe: Ebenso wie ein ruhender Körper in Ruhe beharren möchte, bleibt ein bewegter Körper bei seiner Bewegung und möchte weder seine Richtung noch seine Geschwindigkeit verändern.
Ziehe das Papier mit dem Buch schnell über den Tisch und stoppe das Papier dann plötzlich: Das Buch wird trotzdem noch einige Zentimeter weiter rutschen.
Wenn das Auto plötzlich bremst, bewegt sich dein Körper zunächst mit der alten Geschwindigkeit weiter. Deshalb ist es so wichtig, im Auto immer angeschnallt zu sein. Bei einer plötzlichen Bremsung musst du dich sonst mit den Beinen abbremsen, damit du im Sitz bleibst. Bei höheren Fahrgeschwindigkeiten und sehr plötzlichem Anhalten, etwa durch ein Hindernis auf der Straße, wären deine Beine dafür aber nicht stark genug: Wenn du dich nicht angeschnallt hast, fliegst du durch die Windschutzscheibe.

---

 **Weißt du ...**

... dass man mit einem Pendel sogar die Erddrehung nachweisen kann? Im Deutschen Museum in München hängt ein Pendel von vielen Metern Länge, nach seinem Erfinder „Foucault'sches Pendel" genannt. Nach dem Anstoßen schwingt es viele Stunden lang. Ein Beobachter hat dabei den Eindruck, dass die Schwingungsrichtung des Pendels innerhalb von 24 Stunden einen Kreis durchläuft. In Wirklichkeit ist es die Erde, die sich unter dem Pendel dreht.

# Experimente mit Magnetismus und Strom

Von außen sieht ein Magnet ganz harmlos aus. Und doch übt er auf manche Stoffe eine geheimnisvolle Anziehungskraft aus. Ganz anders, aber ähnlich rätselhaft ist der elektrische Strom: Man kann ihn nicht sehen, aber seine vielfältigen Wirkungen spüren.

Deine Versuche werden zeigen, dass Elektrizität und Magnetismus im Innersten zusammenhängen: Mit Magneten kann man Strom erzeugen, stromdurchflossene Spulen wiederum stellen starke Magnete dar.

Magneten in die Nähe von jedem dieser Dinge. Was stellst du fest? In vielen Fällen wird gar nichts geschehen. Büroklammern, Nadeln, Münzen und Nägel werden jedoch vom Magneten angezogen – und zwar schon lange, bevor er sie berührt. Offenbar geht vom Magneten eine unsichtbare Anziehungskraft aus. Diese Magnetkraft wirkt aber nur auf Dinge, die Eisen enthalten. (Münzen haben meist einen Kern aus Eisen. Es gibt noch zwei andere Metalle, Nickel und Kobalt, auf die Magnete wirken, aber sie sind seltener.)

Welche Stellen des Magneten besitzen die stärkste Anziehungskraft? Offenbar wirkt die Kraft nur an den Enden des Magneten, zur Mitte hin nimmt sie stark ab. Man nennt die Kraft aussendenden Enden eines Magneten „Pole", die Mitte dagegen „neutrale Zone".

**Vorsicht!** Eine wichtige Anmerkung: Nutze für die Versuche nur Batteriestrom. Stecke niemals einen Draht in die Steckdose; <u>der Steckdosenstrom ist tödlich!</u>

## 107 Was zieht ein Magnet an?

*Hufeisenmagnet, Eisennagel, verschiedene Gegenstände zum Testen aus dem Haushalt*

Suche dir einige kleine Gegenstände zusammen, zum Beispiel Büroklammern, Nadeln, Gummibänder, Streichhölzer, Murmeln, Münzen und Nägel. Bringe den

# 7 Experimente mit Magnetismus und Strom

Hänge an deinen Magneten einen Eisennagel (keinen Stahlnagel!) und prüfe jetzt dessen Anziehungskraft etwa auf Büroklammern. Offenbar kann der Magnet seine Kraft auf andere Eisenteile übertragen. Was geschieht, wenn du den Nagel nun wieder vom Magneten löst? Er bleibt offenbar nicht dauerhaft magnetisch, sondern „leiht" sich die Kraft vom Magneten, solange er mit diesem verbunden ist.

## 108 Kann die Magnetkraft auch Holz durchdringen?

> Bücherstapel, Büroklammer, Stab, Hufeisenmagnet, Blatt Papier, Stück Pappe, Glasscheibe, hölzerner Kochlöffel, Plastiktüte, Deckel einer Konservendose, Messer, Schnur, Bindfaden, Klebstreifen

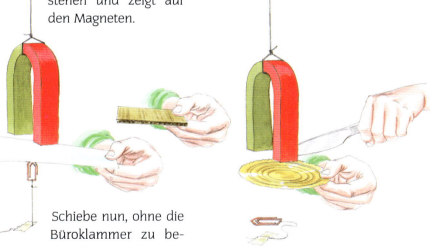

Versuche einmal, ob die vom Magneten ausgehende Kraft auch andere Stoffe, etwa Metall, Holz, Glas, Plastik oder Pappe durchdringt und auf welche Entfernung sie zu spüren ist.
Dazu baust du auf dem Tisch zwei Bücherstapel, legst den Stab darüber und bindest in der Mitte des Stabs den Magneten fest, so dass die Pole nach unten zeigen. Dann befestigst du den Bindfaden an der Büroklammer. Halte jetzt die Büroklammer unter den Magneten, ziehe den Faden zur Tischplatte hin straff und klebe ihn dort fest. Wenn du nun die Klammer loslässt, fällt sie nicht herunter, sondern bleibt in der Luft stehen und zeigt auf den Magneten.

Schiebe nun, ohne die Büroklammer zu berühren, verschiedene Gegenstände zwischen Klammer und Magnet: ein Blatt Papier, ein Stück Pappe, eine Glasscheibe, eine Plastiktüte, einen hölzernen Kochlöffel. Was geschieht? Die Büroklammer bleibt in der Luft stehen; die Magnetkraft wirkt also durch die Gegenstände hindurch.
Schiebe nun eine Messerklinge zwischen Büroklammer und Magnet – die Klammer fällt herab. Ebenso beim Deckel einer Konservendose. Holz, Glas, Plastik und Pappe sind kein Hindernis für die Magnetkraft, aber hinter einem eisenhaltigen Gegenstand ist sie nicht mehr zu spüren: Eisen schirmt die Magnetkraft ab.

## ❓ Weißt du …

… woher der Name Magnet kommt? Vermutlich von der Stadt Magnesia in Kleinasien (der heutigen Türkei). Dort haben griechische Naturforscher schon vor über 2600 Jahren ein Erz entdeckt, das Eisen anzieht. Wir nennen es heute Magnetit; es ist eine Eisen-Sauerstoff-Verbindung. Auch im alten China kannte man damals schon die Magnetkraft.

## 109 Ziehen sich zwei Magnete gegenseitig an?

*2 Stabmagnete, 2 Hufeisenmagnete*

Nimm zwei stabförmige Magnete und lege einen davon auf den Tisch. Schiebe den anderen langsam an den ersten heran und beobachte, was geschieht. Nun drehe einen der Magnete um und wiederhole das Experiment. Wiederhole es außerdem mit den zwei Hufeisenmagneten. Jeder Magnet hat zwei verschiedene Pole, die zur Unterscheidung Nord- und Südpol genannt werden. Auf manchen Magneten ist diese Bezeichnung (N und S) eingeprägt; manchmal ist der N**o**rdpol **ro**t, der S**ü**dpol gr**ü**n lackiert. Jeweils die gleichen Pole (Süd-Süd und Nord-Nord) stoßen sich ab, ungleichnamige (Süd-Nord) ziehen sich an.

## 110 Kann man die Anziehungskraft eines Magneten sichtbar machen?

*2 Hufeisenmagnete, 2 Stabmagnete, Eisenfeilspäne (fein geraspeltes Eisen, gibt es beim Schlosser), Haarspray, weißes Papier, Klebeband, Farbfernseher*

Lege auf einen der Hufeisenmagnete das Stück Papier und streue Eisenfeilspäne darauf. Besonders wenn du das Papier noch durch Klopfen mit dem Finger etwas erschütterst, ordnen sich die Späne zu merkwürdigen Linien, die von einem Pol zum anderen führen. Wiederhole den Versuch mit einem Stabmagneten. Klebe jetzt beide Hufeisenmagnete auf dem Tisch fest: im ersten Versuch so, dass sie sich anziehen, im zweiten so, dass sie sich abstoßen. Lege jeweils Papier darauf und streue Eisenfeilspäne aufs Papier. Wie sehen die Muster nun aus? Wenn du vorsichtig Haarspray aufs Papier sprühst, kannst du diese Muster fixieren und als Wandschmuck aufhängen.
Auch Stabmagneten erzeugen auf ähnliche Weise schöne Bilder.
Jedes der kleinen Eisenspänchen wird durch den Magneten selbst magnetisch, bekommt einen Nord- und einen Südpol und ordnet sich so an, dass sein Nordpol zum Südpol des Magneten zeigt. Außerdem ziehen sich die ungleichnamigen Pole der Späne natürlich auch an – so entstehen die feinen Ketten. Diese „Kraftlinien" oder „Feldlinien" formen ein getreues Abbild der Kraft, mit der ein Magnet in seine Umgebung wirkt. Physiker sagen, der

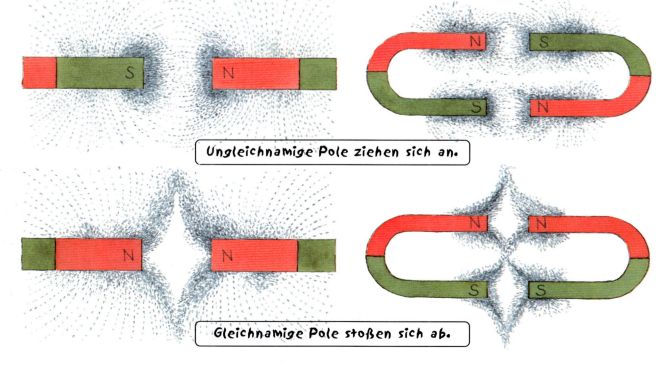

*Ungleichnamige Pole ziehen sich an.*

*Gleichnamige Pole stoßen sich ab.*

# 7 Experimente mit Magnetismus und Strom

Magnet erzeugt um sich herum ein „magnetisches Feld".
Du kannst dieses Feld noch auf andere Weise sichtbar machen: Drücke den Magneten in unterschiedlichen Lagen gegen die Bildröhre des Farbfernsehers. Auch hier zeigen sich die Magnetwirkungen in Form von Bildverzerrungen.

## ▌▌▌ Kann man einen Magneten als Kompass benutzen?

> 3 Holzstangen (je etwa 30 cm lang), Klebeband, Nähgarn, Stabmagnet, Kompass

Baue aus den Stangen eine Art Ständer und binde den Magneten so daran fest, dass er waagerecht hängt und frei schwingen kann. Stoße ihn mehrmals an, lass ihn zur Ruhe kommen und merke dir jeweils die Richtung, in die er zeigt.
Stets wird er mit einem Pol in die Himmelsrichtung Norden, mit dem anderen nach Süden zeigen. Von dieser nordweisenden Kraft stammt auch die Bezeichnung der Pole des Magneten.
Dieselbe Beobachtung kannst du auch an dem Kompass machen – denn seine Nadel ist ein leicht beweglich gelagerter kleiner Magnet.

Wie aber kommt es, dass die Kompassnadel sich in Nord-Süd-Richtung einpendelt?

Die Erdkugel selbst ist magnetisch. Sie verhält sich, als ob in ihrem Zentrum ein riesiger Stabmagnet eingebacken wäre. Allerdings fallen dessen Pole nicht genau mit den Drehpolen der Erde zusammen; der magnetische Pol liegt jeweils einige tausend Kilometer vom geographischen Pol entfernt. Auch die Erde besitzt magnetische Kraftlinien von einem Pol zum anderen; sie sind mehr als 20 000 Kilometer lang! Stabmagnet und Kompassnadel verhalten sich in diesem gigantischen, wenn auch vergleichsweise schwachen Magnetfeld wie die Eisenfeilspäne – sie stellen sich längs der Kraftlinien ein.
Wie die Magnetkraft der Erde zustandekommt, ist noch nicht ganz geklärt. Eine Rolle spielen dabei gewaltige elektrische Ströme im Erdkern, der aus glutflüssigem Nickel und Eisen besteht.

###  Weißt du …

*… dass man früher glaubte, ein gewaltiger Magnetberg ziehe die Kompassnadel an? Von ihm berichten alte Erzählungen, etwa von Sindbad dem Seefahrer. Ihnen zufolge lag der Magnetberg irgendwo in den nördlichen Meeren. Kam ein Schiff dem Berg zu nahe, zog die Magnetkraft alle Eisenteile aus dem Schiff heraus, auch die eisernen Nägel. Es zerbrach, und alle an Bord mussten elend ertrinken.*

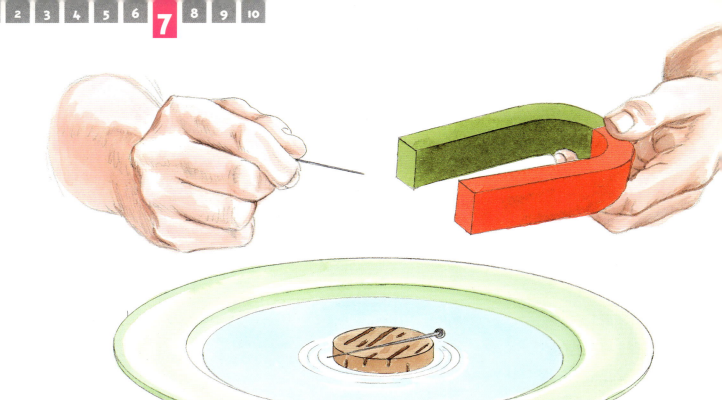

## 112 Wie kann man selbst einen Magneten herstellen?

*2 Nähnadeln aus Stahl, Magnet, Kompass, Korken, Schüssel*

Streiche mit einem Pol deines Magneten immer wieder von oben nach unten über die Nähnadel. Du musst etwa fünfzig- bis siebzigmal darüber streichen, aber immer in derselben Richtung, also nicht hin und her. Probiere nun, ob du mit der Nadel eine andere Nadel aufheben kannst, und ob dein Kompass auf den neu geschaffenen Magneten reagiert.

Offenbar verhalten sich Eisen und Stahl unterschiedlich: Ein Eisennagel wird nur im Kontakt mit einem Magneten magnetisch. Die Stahlnadel dagegen nimmt die Magnetkraft dauerhaft an; sie wird selbst zum Magneten. Du kannst die Nadel jetzt sogar als Kompass verwenden: Lege sie auf einen im Wasser schwimmenden Korken, und sie wird sich in Nord-Süd-Richtung einstellen. Und noch etwas Erstaunliches: Wenn du einen Magneten zerbrichst, ist jedes Stück wieder ein vollständiger Magnet mit Nord- und Südpol.

## 113 Was geschieht, wenn ein Magnet erhitzt wird?

*3 Nähnadeln, Magnet, Kerze, metallene Zange, Hammer, Kompass*

 **Vorsicht: Verbrenne dich nicht!**

Magnetisiere drei gleiche Nadeln. Halte eine davon mit der Zange fest und bringe sie in der Flamme auf Rotglut. Lege die zweite Nadel auf einen flachen Stein, halte sie mit der Zange fest und schlage mehrfach mit dem Hammer darauf. (Sei dabei aber vorsichtig und setze zum Schutz eine Brille auf, falls die Nadel hochspringt oder vom Stein etwas absplittert.) Vergleiche nun den Magnetismus dieser beiden Nadeln mit dem der unbehandelten. Mit welcher Nadel lässt sich der Kompass stärker ablenken?

Magnetismus entsteht, wenn winzige magnetisierbare Bereiche im Eisen, die zuvor durcheinander liegen, gleichsam „in Reih und Glied" gebracht werden – durch Bestreichen mit einem starken Magneten. Dabei verhält sich Stahl ganz anders als reines Eisen.

Zur Erinnerung: Stahl ist Eisen, das einige Prozent Kohlenstoff enthält und dadurch besonders hart ist. Bei reinem Eisen behalten die magnetisierbaren Bereiche

# 7 Experimente mit Magnetismus und Strom

die Ausrichtung nur bei, solange sie sich in einem Magnetfeld befinden, im Stahl dagegen bleiben sie dauerhaft in ihrer Lage. Allerdings nur so lange, bis sie durch starke Erschütterungen oder durch Hitze wieder durcheinander geschüttelt werden: Dann verschwindet die Magnetkraft.

## 114 Was ist ein Stromkreis?

*Taschenlampenbatterie (4,5 Volt, flach), isolierter Kupferdraht (etwa 30 cm), 4,5 Volt-Glühbirne, Klebeband, Büroklammern, Schere*

Mit diesem und den folgenden Versuchen verlässt du vorübergehend den Magnetismus und untersuchst den elektrischen Strom. Später wirst du sehen, wie eng diese beiden Erscheinungen zusammenhängen.
Schneide mit der Schere zwei Drahtstücke von je 15 cm Länge ab und entferne die Isolierung (so nennt man den Plastiküberzug) an den Enden je 3 cm weit. Jetzt sollte an jedem Drahtende etwa ein Zentimeter braunrotes Kupfer zu sehen sein. Verbinde nun ein Ende eines der Drähte mit Hilfe der Büroklammer mit der langen Lasche der Batterie. Das Ende des zweiten Drahtstücks befestigst du auf gleiche Weise an der kurzen Batterielasche. Achte darauf, dass sich die beiden freien Drahtenden nicht berühren.
Jetzt schließt du die Drähte an der Glühbirne an. Biege eines der beiden freien Drahtenden zu einer Schleife, die etwa so groß ist wie das Glühbirnengewinde. Schiebe die Glühbirne in die Schlaufe, ziehe sie zusammen, so dass sie straff sitzt, und befestige sie noch durch Umwickeln mit Klebeband. Lass aber den Fuß der Glühbirne mit dem Metallpunkt frei.
Nimm jetzt die Birne und berühre mit dem letzten freien Drahtende den Metallpunkt an ihrem Fuß. Sie leuchtet auf! Vielleicht fragst du dich, warum das Birnchen erst leuchtet, wenn beide Drähte angeschlossen sind. Wenn die Batterie Strom durch den Draht zum Lämpchen schickt, warum genügt dann nicht ein einziger Draht?
Elektrischer Strom fließt nur dann, wenn er von einem Anschluss der Batterie (dem Minuspol) zum anderen (dem Pluspol) gelangen kann. Wir sagen, der Stromkreis muss geschlossen sein. Nur wenn der Strom von einem Pol zum anderen fließen kann, vermag er unterwegs Arbeit zu leisten: etwa einer Spule Magnetkraft zu verleihen oder unser Lämpchen zum Leuchten zu bringen.

>  **Weißt du …**
>
> … dass die Chinesen schon vor 2000 Jahren den Kompass kannten? Wahrscheinlich in Form eines länglichen magnetischen Eisenstückchens, das sie auf einem Scheibchen Holz im Wasser schwimmen ließen. In Europa wurde die nordweisende Magnetnadel erst im 13. Jahrhundert bekannt und ermöglichte dann Kolumbus, Magellan und anderen Seefahrern, auf ihren Entdeckungsreisen den richtigen Weg zu finden.

## Weißt du ...

... dass du dir den elektrischen Stromkreis wie einen Wasserkreislauf vorstellen kannst? Die Batterie entspricht einer Pumpe, die Drähte entsprechen den Wasserrohren und das Lämpchen ist ein kleiner Propeller, der vom fließenden Wasser in Bewegung gesetzt wird. Solange die Pumpe nicht arbeitet, ist zwar Wasser in den Rohren, aber es steht still, ebenso der Propeller. Erst wenn die Pumpe den Wasserkreislauf in Bewegung setzt, dreht sich auch der Propeller. Es ist nicht das Wasser an sich, sondern das fließende Wasser, das ihn dreht. Im Stromkreis fließt natürlich kein Wasser. Aber es bewegen sich winzig kleine Teilchen, noch viel kleiner als Atome oder Moleküle, durch die Drähte. Man nennt sie Elektronen. Sie sind im Draht, in der Glühwendel des Lämpchens und in der Batterie ständig vorhanden. Die Batterie erzeugt keine Elektronen – aber sie setzt sie in Bewegung, so wie die Pumpe das Wasser in Bewegung setzte.

## 115 Wie kannst du ein Nerventestgerät bauen?

*Besenstiel, 3 Meter Kupferdraht (blank oder abisoliert, etwa 1 mm Durchmesser), Taschenlampenbatterie (4,5 Volt, flach), Büroklammern, Klingel (aus dem Elektrogeschäft oder Bastelladen), Klebeband, Schere*

Nach so viel Text über den Strom schieben wir ein kleines Spiel ein. Es ist gleichzeitig eine unterhaltsame Anwendung des Stromkreises. (Statt der Klingel in der Versuchsanleitung kannst du übrigens auch ein Lämpchen nehmen.)

Schneide ein etwa 1 Meter langes Stück Kupferdraht ab. Entferne mit Hilfe der Schere die Isolierung, wickle ihn, wie die Zeichnung zeigt, in großen Windungen um den Besenstiel und befestige ihn mit Klebeband. Verbinde ihn an einem Ende mit der langen Lasche der Batterie. Ihre kurze Lasche verbindest du mit einem weiteren Draht von etwa 30 cm Länge mit einem Anschluss der Klingel. Befestige schließlich am anderen Anschluss der Klingel einen ebenfalls etwa 1 Meter langen Draht, dessen Ende du auf etwa 12 Zentimeter abisolierst und zu einer Schleife biegst. Ihr Durchmesser soll etwas größer sein als der des Besenstiels. Schiebe sie so auf den drahtumwickelten Besenstiel, dass sich die blanken Drähte gerade noch nicht berühren.

Die Kunst besteht jetzt darin, diese Schleife so auf dem Stiel entlangzuführen, dass ein Kontakt der Drähte vermieden wird. Das erfordert gute Nerven und eine ruhige Hand, denn bei jeder Berührung schrillt die Klingel.

Du kannst damit einen richtigen Wettbewerb veranstalten: Wer schafft es am schnellsten, die Drahtschlinge ohne Berührung über den Stiel zu schieben?

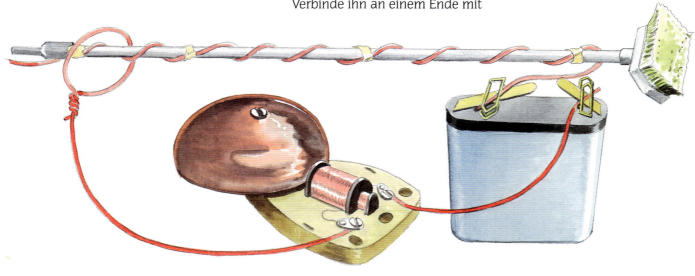

# 7 Experimente mit Magnetismus und Strom

## 116 Leitet nur Kupferdraht den elektrischen Strom?

*Taschenlampenbatterie (4,5 Volt, flach), 4,5 Volt-Lämpchen mit Fassung, einige Zentimeter Kupferdraht, Dinge zum Testen aus dem Haushalt*

Warum verbinden wir Lämpchen und Batterie eigentlich mit Draht? Täte es vielleicht auch ein dünner Plastikstreifen? Oder ein Stück Garn?

Verbinde wie in Experiment 114 das Lämpchen mit der Batterie, ersetze dabei aber einen Teil des Stromkreises nacheinander durch einen Gegenstand aus Messing, einen eisernen Nagel, ein Streichholz, einen Bindfaden, ein Stück Plastik, eine Glasscherbe, einen Streifen Aluminiumfolie (Silberpapier), das graue Innere eines Bleistifts.

Wann leuchtet die Birne, wann nicht? Welche Stoffe lassen also den Strom passieren? Alle Metalle leiten den elektrischen Strom. Die Mine des Bleistifts besteht nicht aus Blei, sondern aus Grafit, einer Form des chemischen Elements Kohlenstoff, die den Strom leitet. In

Holz, Glas, Plastik und Stoff dagegen fließt der Strom nicht. Diese Stoffe nennt man „Isolatoren". Deswegen ist dein Draht von Plastik umhüllt. Die Isolation verhindert, dass Strom fließt, wenn sich zwei isolierte Drahtabschnitte berühren.

> **Weißt du …**
>
> *… dass Elektronen in allen Stoffen vorhanden sind? Sie sind nämlich ein wichtiger Bestandteil der Atome – der winzigen Teilchen, aus denen alle Dinge bestehen. Auch Moleküle setzen sich aus Atomen zusammen. Warum aber leiten dann nicht alle Stoffe den Strom? Weil die Elektronen unterschiedlich fest an die Atome gebunden sind. In den Metallen können sie sich recht frei von Atom zu Atom bewegen – und dieses Fließen macht ja gerade den elektrischen Strom aus. In Plastik oder Holz aber muss jedes Elektron brav bei seinem Atom bleiben. Freies Hin- und Herwandern gibt es dort nicht.*

## 117 Warum leuchten elektrische Glühbirnen?

> dünner Eisendraht (Blumendraht aus der Gärtnerei), Kerze, Kneifzange, Klarglas-Glühbirne, 1 bis 2 Batterien (4,5 Volt, flach), 2 Büroklammern, Wäscheklammer aus Holz

**Vorsicht: Verbrenne dich nicht!**

Diese Versuche solltest du im Freien ausführen oder an einer Stelle, wo Feuer keinen Schaden anrichten kann.
Warum leuchtet eigentlich eine Glühbirne hell auf, wenn Strom hindurchfließt?
Schau dir mal eine große 230-Volt-Klarglasbirne an (dein Lämpchen ist genauso gebaut, nur kann man an dem Birnchen nicht so viel erkennen). Du siehst einen feinen Draht, der zu einer Wendel aufgewickelt ist. Er wird von mehreren dickeren Drähten getragen. Das Licht, das die eingeschaltete Birne aussendet, stammt von dieser Drahtwendel.

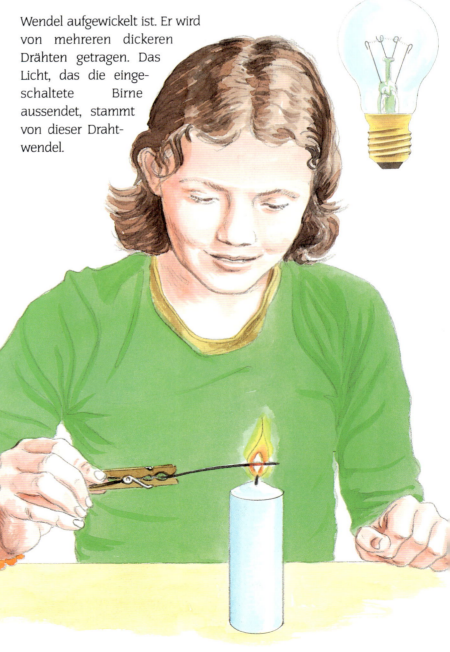

# 7 Experimente mit Magnetismus und Strom 81

Doch warum leuchtet der Draht? Kneife ein etwa 20 cm langes Stück Eisendraht ab und biege es an einem Ende zu einer kleinen Schleife. Fasse das andere Drahtende mit der Wäscheklammer an und halte die Schleife in eine Flamme. Was geschieht? Sie wird hellrot und sendet Licht aus. Drähte leuchten also, wenn sie sehr heiß werden. Jetzt weißt du auch, warum eine brennende Glühbirne nach kurzer Zeit heiß wird: Der glühende Draht heizt sie auf.

Doch warum wird der Draht heiß, wenn Strom hindurchfließt? Kneife ein 10 cm langes Stück Blumendraht ab und kratze die Farbe von den Enden 1 bis 2 cm weit ab. Befestige die Drahtenden mit den Büroklammern an den Batterielaschen und pass auf, was geschieht. Der Draht wird fühlbar warm.

Wenn die Elektronen zwischen den Atomen eines Drahtes hindurchwandern, erzeugen sie Wärme. Bei einem dicken Draht und nicht zu starkem Strom merkt man das kaum. Aber wenn sich starker Strom durch einen dünnen Draht quälen muss, so wird dieser warm. Ist der Draht sehr dünn – so wie der im Lämpchen – und der Strom entsprechend kräftig, wird der Draht sogar so heiß, dass er glüht und Licht aussendet.

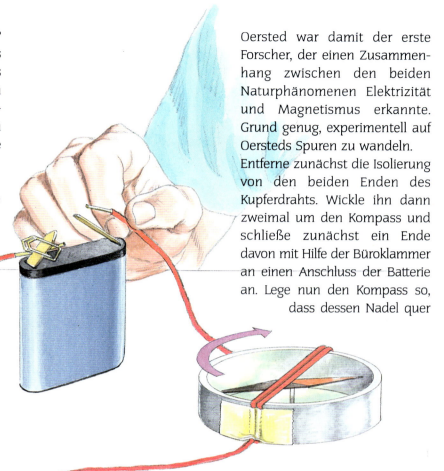

## 118 Wie hängen Strom und Magnetismus zusammen?

*Taschenlampenbatterie (4,5 Volt, flach), isolierter Kupferdraht (etwa 50 cm lang), Büroklammer, Kompass*

Im Jahre 1820 machte der dänische Naturforscher Hans Christian Oersted eine verblüffende Beobachtung. Er entdeckte, dass ein stromdurchflossener Draht eine Kompassnadel in Bewegung setzen kann. Oersted war damit der erste Forscher, der einen Zusammenhang zwischen den beiden Naturphänomenen Elektrizität und Magnetismus erkannte. Grund genug, experimentell auf Oersteds Spuren zu wandeln. Entferne zunächst die Isolierung von den beiden Enden des Kupferdrahts. Wickle ihn dann zweimal um den Kompass und schließe zunächst ein Ende davon mit Hilfe der Büroklammer an einen Anschluss der Batterie an. Lege nun den Kompass so, dass dessen Nadel quer

## ❓ Weißt du …

*… dass Glühbirnen heute immer mehr durch andere Leuchtkörper ersetzt werden? Grund ist: Sie wandeln den größten Teil der elektrischen Energie in Wärme um, nur ein kleiner Teil wird zu Licht. Leuchtstoffröhren oder Energiesparlampen (das sind kleine Leuchtstoffröhren) arbeiten dagegen viel sparsamer: Sie erzeugen mit weniger Strom die gleiche Helligkeit, weil sie einen größeren Teil der elektrischen Energie in Licht umwandeln. Bei Leuchtstoffröhren entsteht das Licht nicht in einem glühenden Draht, sondern in einem Gas, das durch den Strom zum Leuchten gebracht wird.*

## ? Weißt du …

… dass Oersted den Zusammenhang zwischen Strom und Magnetismus ganz zufällig entdeckte? Er war gerade dabei, mit elektrischem Strom zu experimentieren. Damals war das ganze Gebiet der Elektrizität noch sehr neu; erst einige Jahre zuvor war die elektrische Batterie erfunden worden. Auf seinem Tisch lag auch ein Kompass. Ein Draht war darauf gefallen und lag genau über der Magnetnadel. Als Oersted den Strom anschaltete, zuckte plötzlich die Nadel und drehte sich um einen bestimmten Winkel. Erstaunt schaltete der Forscher den Strom ab, und sofort drehte sich die Nadel wieder in ihre vorige Stellung. Oersted konnte seine Beobachtung damals noch nicht erklären (das taten später andere Forscher). Und erst recht konnte er nicht ahnen, was dieser Zufallsfund bewirkte: Fast das ganze Gebiet der Elektrotechnik mit Elektromotoren, Dynamos, Funk und Fernsehen, Telegrafen und Telefonen fußt darauf.

Elektrizität und Magnetismus, das zeigt der Versuch, sind keineswegs voneinander unabhängige Naturerscheinungen: Ein Draht, der von elektrischem Strom durchflossen wird, verhält sich wie ein Magnet. In einem späteren Versuch (Experiment 125) wirst du sehen, dass man auch mit Hilfe eines Magneten Strom erzeugen kann.

## 119 Wie kann man das Magnetfeld eines Drahtes sichtbar machen?

isolierter Kupferdraht (etwa 80 cm lang), weißes Papier, Eisenfeilspäne, 2 Büroklammern, Eisenschraube, Messingschraube (je etwa 6 x 60 mm), Taschenlampenbatterie (4,5 Volt, flach)

zu der Drahtschleife steht (weil die Nadel in Nord-Süd-Richtung zeigt, weist die Wicklung also in West-Ost-Richtung). Nun berühre mit dem freien Drahtende die zweite Lasche der Batterie und beobachte dabei die Kompassnadel. Sie wird einen kräftigen Satz machen, solange Strom fließt. Entfernst du den Draht wieder von der Lasche, geht sie zurück in ihre vorige Stellung.

# 7 Experimente mit Magnetismus und Strom

Entferne die Isolierung an den Enden des Drahtes. Führe ihn durch ein kleines Loch im Papier, wie die Zeichnung zeigt, und schließe ihn mit den Büroklammern an den Batterielaschen an. Streue dann Eisenfeilspäne aufs Papier. Bei leichtem Klopfen ordnen sie sich konzentrisch um den Draht an und zeigen so dessen Magnetlinien.

Wickle nun den Draht über eine der Schrauben zu einer Spule mit etwa 10 Windungen. Ziehe die Schraube wieder heraus und lege auf die Spule das Papier. Lasse Strom fließen und streue wieder Eisenfeilspäne aufs Papier. Das entstehende Muster der Eisenfeilspäne ähnelt dem Bild, dass du vom Stabmagneten kennst. Offenbar verhält sich die Spule wie ein Stabmagnet, solange sie von Strom durchflossen ist.

Wiederhole den Versuch gleich noch einmal, lege aber dabei die Eisenschraube in die Spule. Diesmal sind die magnetischen Linien viel deutlicher und reichen auch weiter von der Spule weg. Wiederhole den Versuch ein zweites Mal, nimm aber diesmal statt der Eisenschraube die Messingschraube.

Eisen in der Spule verstärkt die magnetische Kraft um ein Vielfaches. Und zwar nur Eisen: Die Messingschraube ist dazu nicht fähig.

## 120 Wie wird ein Elektromagnet gebaut?

*4 Meter abisolierter Kupferdraht (etwa 0,1–0,2 mm Durchmesser, am besten lackisoliert), Gewindeschraube aus Eisen (50 mm lang, etwa 5 bis 10 mm dick) mit Mutter, Papier, Klebeband, Messer, Taschenlampenbatterie (4,5 Volt, flach), einige Büroklammern*

Jetzt soll ein richtiger kräftiger Elektromagnet entstehen, mit einer Spule aus vielen Windungen.

Wickle zunächst die Schraube gut in Papier ein und klebe es fest. Wickle nun den Draht auf die Schraube, am Kopf beginnend. Lass aber etwa dreißig Zentimeter Draht frei, damit man ihn nachher anschließen kann. Wenn du eine Lage Draht von einem Schraubenende zum anderen gewickelt hast, so wickle in umgekehrter Richtung weiter, bis du eine zweite Lage hast. Vielleicht reicht der Draht sogar noch für eine dritte Lage. Lass auch an diesem Ende dreißig Zentimeter für den Anschluss frei. Drehe beide Drahtenden an der Schraube zusammen und befestige die Windungen auf der Schraube mit Klebeband.

Nun kannst du den Elektromagneten anschließen.

Kratze die Lackisolierung der Drahtenden einige Zentimeter weit frei, so dass das blanke Kupfer zum Vorschein kommt, und verbinde ein Drahtende mit Hilfe einer Büroklammer mit der kurzen, das andere mit der langen Lasche der 4,5-Volt-Taschenlampenbatterie. Versuche nun, mit der Schraube Eisenteile aufzuheben. Ihre Magnetkraft müsste

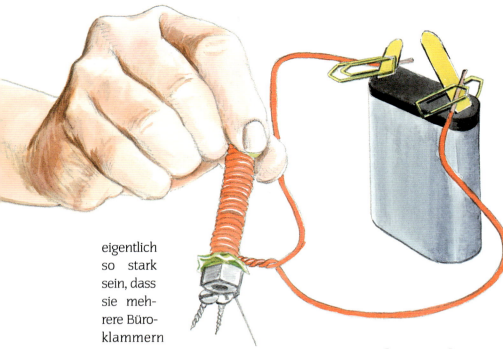

eigentlich so stark sein, dass sie mehrere Büroklammern oder kleine Nägel tragen kann. Nun löse einen der Drähte von der Batterie – und die Nägel fallen herunter.

Elektromagneten sind nur so lange magnetisch, wie der Strom durch sie hindurchfließt. Das macht sie im Vergleich zu den Dauermagneten so praktisch. Man kann mit ihnen nach Belieben eiserne Lasten aufheben und auf Knopfdruck wieder fallen lassen. Schrotthändler zum Beispiel benutzen kräftige Elektromagnete an großen Kränen.

Vorsicht: Nach einiger Zeit wird die Spule warm. Dann solltest du die Verbindung zur Batterie unterbrechen und sie abkühlen lassen. Außerdem leeren sich die Batterien rasch, wenn du sehr lange experimentierst.

## 121 Haben auch Elektromagneten Pole?

*Taschenlampenbatterie, Elektromagnet aus Versuch 120, Stabmagnet*

Wenn sich Elektromagneten wie Stabmagneten verhalten, haben sie vermutlich auch einen Nord- und Südpol. In diesem Versuch kannst du das ausprobieren. Schiebe einen Stabmagneten auf den Kopf deines stromdurchflossenen Elektromagneten zu. Was geschieht dabei?

Drehe den Stabmagneten um und wiederhole den Versuch. Was geschieht diesmal? Wiederhole das Experiment mit dem anderen Ende des Elektromagneten.

Auch ein Elektromagnet besitzt also einen Nord- und einen Südpol.

Vertausche die beiden Anschlüsse deines Elektromagneten an der Batterie und wiederhole den Versuch. Wo sind jetzt Nord- und Südpol? Es ist also von der Stromrichtung in der Spule abhängig, wo beim Elektromagneten der Nordpol und wo der Südpol ist.

## 122 Wie kann man die Kraft eines Elektromagneten vergrößern?

*Elektromagnet aus Versuch 120, 3 Taschenlampenbatterien (4,5 Volt, flach), einige Büroklammern, einige Zentimeter Draht, kleine Eisennägel*

Deinen Stabmagneten musst du so nehmen, wie er ist. Du kannst seine Kraft nicht vergrößern. Beim Elektromagneten aber geht das durchaus. Schließe den Elektromagneten an eine Batterie an und probiere aus,

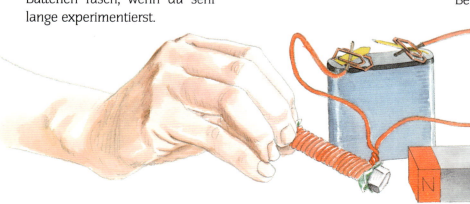

# 7 Experimente mit Magnetismus und Strom

wie viele Nägel er tragen kann. Nun löse den Draht von der kurzen Batterielasche und verbinde sie mit Hilfe des Drahtstückchens mit der langen Lasche der zweiten Batterie (man nennt das „zwei Batterien hintereinander schalten"). Stecke den Anschlussdraht des Elektromagneten auf die kurze Lasche der zweiten Batterie. Wie viele Nägel trägt der Magnet jetzt? Mit einer dritten Batterie kannst du seine Kraft weiter erhöhen.

Auch bei diesem Versuch kann die Spule ziemlich warm werden. Löse dann die Verbindung und lasse sie abkühlen.

## 123 Wie kann man Strom messen?

etwa 7 Meter lackisolierter Kupferdraht (0,1–0,2 mm Durchmesser), Kompass, kleine viereckige Pappschachtel (Kompass soll gerade hineinpassen), Klebeband, Messer, eine volle und eine fast leere Taschenlampenbatterie

Sehen kannst du Elektrizität nicht. Du siehst nur ihre Wirkungen, das Leuchten eines Lämpchens beispielsweise. Oft kommt es aber darauf an, genau die Stärke eines Stroms zu wissen. Elektroingenieure und Radiotechniker besitzen dafür besondere Messinstrumente. Du kannst dir ein einfaches, empfindliches Messgerät, das auch schwache Ströme anzeigen kann, aber leicht selbst bauen. Lege den Kompass in die flache viereckige Pappschachtel und wickle den Kupferdraht so oft wie möglich darüber. Achte darauf, dass die Mitte dieser Drahtspule genau über dem Lager

##  Weißt du …

… dass sich im Laufe der Erdgeschichte die magnetischen Nord- und Südpole mehrfach vertauschten? Manche Gesteine „speichern" die Richtung des Erdmagnetfelds zur Zeit ihrer Entstehung, weil Kristalle in ihrem Innern sich wie Kompassnadeln ausrichten und in dieser Stellung erstarrten. So kann man noch heute die Polwechsel feststellen.

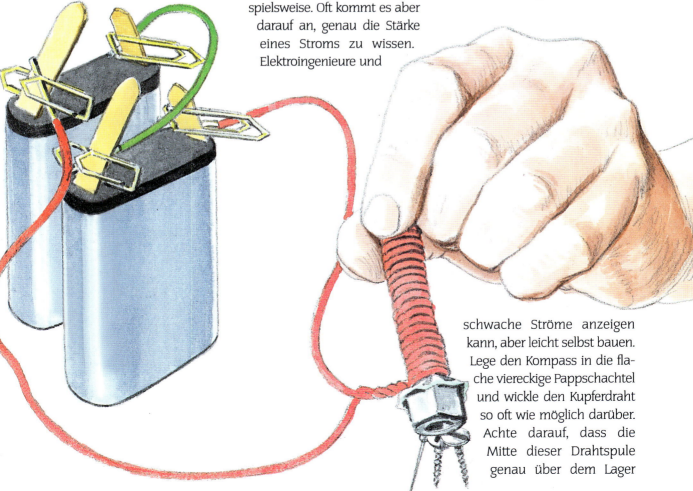

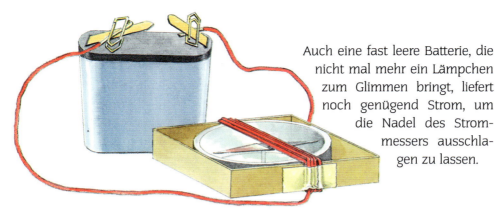

der Nadel verläuft. Befestige den Draht mit Hilfe von Klebeband so, dass er nicht verrutschen kann. An jedem Ende der Spule lässt du etwa 30 Zentimeter Draht herausragen und kratzt mit dem Messer an den Enden dieser Anschlussdrähte die Isolierung weg. Bevor du misst, legst du den Kompass immer so, dass die Nadel genau parallel zu den Drähten steht. Schließe die beiden Drähte an die Pole einer Batterie an. Sofort dreht sich die Kompassnadel aus der Spule heraus und zeigt damit an, dass durch die Spule Strom fließt. Die Nadel reagiert nämlich auf das Magnetfeld der Spule. Selbst sehr wenig Strom macht sich auf diese Weise noch bemerkbar:

Auch eine fast leere Batterie, die nicht mal mehr ein Lämpchen zum Glimmen bringt, liefert noch genügend Strom, um die Nadel des Strommessers ausschlagen zu lassen.

## 124 Wie erzeugt eine Batterie Strom?

> Strom-Messgerät aus Experiment 123, 2 Büroklammern, etwas dünnes Kupferblech, etwas verzinktes Blech (am besten je ein Streifen von 2 x 10 cm Größe), Zitrone, Trinkglas, Salz, Kupferdraht

Verbinde die beiden Metallstreifen mit Hilfe der Büroklammern mit jeweils einem Anschluss deines Strom-Messgerätes. Schiebe sie dann nebeneinander in die Zitrone (die Streifen sollen sich nicht berühren!). Die Nadel schlägt aus und zeigt damit, dass Strom fließt. Löse einen Esslöffel Salz in einem Trinkglas voll Wasser. Ziehe die Streifen wieder aus der Zitrone und halte sie in die Salzlösung. Auch jetzt fließt Strom. Die Ursache für den Stromfluss liegt

also nicht in der Zitrone, sondern hat mit den beiden Metallen zu tun. Tatsächlich läuft beim Eintauchen der Metalle in die Salzlösung oder den Zitronensaft ein chemischer Vorgang ab, bei dem sich das Zink langsam auflöst. Dabei wird elektrische Energie freigesetzt. Gleiches geschieht auch in einer Batterie, nur das der Strom dort zwischen Zink und einem Kohlestift fließt.

Die chemische Reaktion, bei der das Zink verbraucht wird, verläuft nur in einer Richtung. In den wieder aufladbaren Batterien (Akkumulatoren) läuft ein chemischer Vorgang ab, der durch Stromzufuhr rückgängig gemacht werden kann. Daher kann man sie lange Zeit verwenden, während man normale Batterien zurückgibt, wenn sie leer sind (und nicht etwa in den Müll wirft). Akkus plus Ladegerät sind daher viel umweltschonender als „Einweg-Batterien".

 **Weißt du ...**

... dass man auch aus Licht Strom erzeugen kann? Man benutzt dazu Solarzellen. Sie bestehen aus einem Trägermaterial (zum Beispiel Glas), auf das bestimmte chemische Stoffe in mehreren hauchdünnen Schichten übereinander aufgetragen sind. An die Schichten sind jeweils Drähte angeschlossen. Scheint genügend Licht auf die Zelle, werden durch die Lichtenergie Elektronen in Bewegung gesetzt: Strom fließt.

**7** Experimente mit Magnetismus und Strom  **87**

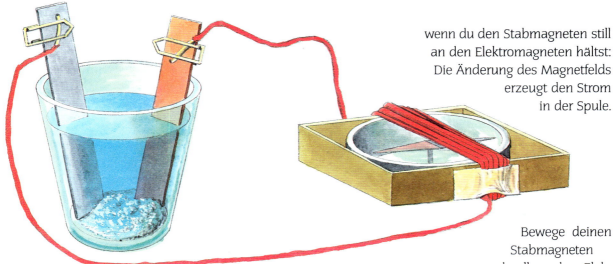

## 125 Wie kann man mit einem Magneten Strom erzeugen?

*Strom-Messgerät aus Experiment 123, Elektromagnet aus Experiment 120, Stab- oder Hufeisenmagnet, 2 Büroklammern*

Batterien sind ziemlich teuer und recht schnell leer. Der Strom in der Steckdose, der großen Motoren, stromschluckende Küchenherde, Wäschetrockner und viele andere Großverbraucher antreiben muss, kann daher nicht aus Batterien kommen. Er wird auf ganz andere Weise erzeugt – mit Hilfe des Magnetismus.

Verbinde mit Hilfe von Büroklammern die beiden Anschlüsse des Strom-Messgeräts mit den beiden Drähten des Elektromagneten und lege beide Gegenstände so weit wie möglich auseinander (mindestens 50 Zentimeter).
Wenn du nun einen Pol deines Stabmagneten an das Ende des Elektromagneten hältst und dann schnell wegziehst, so zeigt die Nadel einen kurzen Ausschlag. Ein elektrischer Strom ist geflossen. Wenn du genau beobachtest, weißt du auch, wann er fließt: beim Heranführen und beim Wegziehen des Stabmagneten. Dagegen nicht, wenn du den Stabmagneten still an den Elektromagneten hältst: Die Änderung des Magnetfelds erzeugt den Strom in der Spule.

Bewege deinen Stabmagneten schnell vor dem Elektromagneten hin und her: Jedes Mal zuckt die Kompassnadel.
Der auf diese Weise erzeugte Strom ist allerdings viel zu schwach, um auch nur ein kleines Lämpchen aufleuchten zu lassen. Aber man kann ihn verstärken, wenn man mehrere Spulen in einem Kreis anordnet und in ihrer Mitte ein Rad aufbaut,

das mehrere kräftige Elektromagnete trägt und schnell gedreht wird. Ein Gerät dieser Art heißt „Generator". Im Elektrizitätswerk, das den Strom für die Steckdosen liefert, stehen riesige Generatoren, die oft über Turbinen durch Wasserkraft oder Wasserdampf angetrieben werden. Die notwendige Hitze zum Erzeugen des Dampfes wird durch Verbrennen von Öl, Gas oder Kohle oder durch Atomenergie erzeugt – je nach Art des Kraftwerks.

## ? Weißt du …

… dass dein Fahrraddynamo ein kleiner Generator ist? Auch er erzeugt mit Hilfe eines Magneten Strom. Eine drehbare Kappe auf dem Gehäuse überträgt die Bewegung des Vorderrads auf einen Magneten, der über einer Spule rotiert. Je schneller du in die Pedale trittst, desto schneller bewegt sich der Magnet und desto mehr Strom erzeugt er. Deshalb leuchtet deine Fahrradlampe bei schnellem Fahren besonders hell.

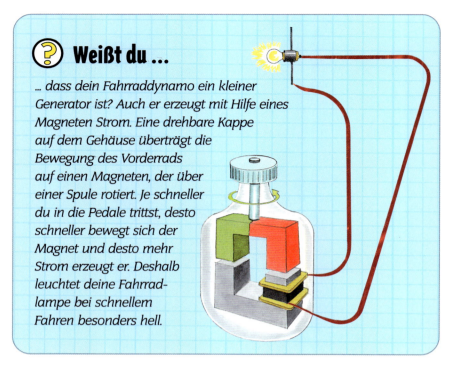

## 126 Kann man durch Reiben Elektrizität erzeugen?

*Wolltuch, Plastik-Lineal oder ein Stückchen Bernstein, Kamm, Spiegel, feine Papierschnipsel, trockene Puffreiskörner*

Bislang hast du nur mit fließender Elektrizität experimentiert. Es gibt daneben aber noch eine weitere Art von Elektrizität, die statisch genannt wird. Sie heißt auch Reibungselektrizität – warum, zeigt dir der nächste Versuch.
Reibe mit dem Tuch das Plastik-Lineal oder ein Stückchen Bernstein und halte es dann über feine Seidenpapierschnipsel oder Puffreiskörnchen. Sie hüpfen empor und bleiben am Lineal hängen.
Beobachte sie einige Minuten: Plötzlich fallen einzelne, wie von einer unsichtbaren Kraft abgestoßen, wieder herab.
Verdunkle ein Zimmer, stelle dich vor einen Spiegel und warte einige Minuten, bis sich deine Augen an die Dunkelheit angepasst haben. Dann kämme dich und beobachte dabei genau den Kamm. Du siehst kleine Lichtblitze. Und wenn du mit dem Kamm den Wasserhahn fast berührst, springt ein kleiner elektrischer Funke über.
Durch das Reiben hast du im Kamm und im Lineal Elektrizität erzeugt – obwohl Plastik, wie du in Versuch 116 festgestellt hast, den Strom nicht leitet. Außerdem zieht das Lineal leichte Gegenstände an, um sie kurz darauf wieder abzustoßen. Wie kommt das?
Strom besteht, wie du schon gehört hast (siehe Weißt-du-Kasten auf Seite 78), aus kleinsten Teilchen, so genannten „Elektronen". Normalerweise sind sie feste Bestandteile der Atome. Durch chemische Reaktionen (in der Batterie), Magnetfelder (in der Dynamomaschine) oder durch Reiben aber lassen sie sich von ihren Atomen trennen. An manchen Stellen entstehen dadurch Bereiche mit Elektronenüberschuss (solche Stellen nennt man „elektrisch negativ geladen"), an anderen Bereiche mit Elektronenmangel („elektrisch positiv geladen").
In Metallen sind die Elektronen frei beweglich, so dass sich Bereiche mit Elektronenüberschuss und Bereiche mit Elektronenmangel sehr schnell ausgleichen.
Wenn Elektronen von einem elektrisch negativ geladenen Bereich zum elektrisch positiv geladenen Bereich wandern, fließt elektrischer Strom.
In Stoffen, die den Strom nicht leiten, also zum Beispiel Bernstein und Plastik, können die geladenen Bereiche jedoch längere Zeit bestehen bleiben. Und es können sich so viele Elektronen ansammeln, dass sie Wirkungen auf andere kleine Dinge zeigen. Bereiche mit positiver und negativer Ladung ziehen sich an – ebenso wie es ungleichnamige Magnetpole tun. Das Bernsteinstück ist gegenüber den Papierschnipseln negativ geladen, also springen sie zu ihm empor. Das nächste Experiment zeigt die Kräfte zwischen Bereichen unterschiedlicher elektrischer Ladung noch deutlicher.

**Tipp:** Dieses und das nächste Experiment gelingen am besten an einem kühlen Wintertag, wenn die Luft in der Wohnung knochentrocken ist.

# 7 Experimente mit Magnetismus und Strom 89

## 127 Welchen Einfluss haben elektrische Ladungen aufeinander?

**zwei Seidenfäden (Bindfäden aus Seide, 20 cm lang), Puffreis, Plastik-Lineal, Wolltuch, Klebeband, Alleskleber, tiefer Teller**

Gib etwas Alleskleber auf ein Stück Papier und tunke das Ende jedes der Seidenfäden hinein. Dann klebe jeweils ein Puffreiskörnchen daran. Hänge die Fäden im Abstand von einem Zentimeter nebeneinander auf – zum Beispiel mit Klebeband an den Rand der Schreibtischlampe.
Nun halte dein geriebenes Plastik-Lineal dicht an die beiden Reiskörner und beobachte genau, was geschieht.
Die Reiskörner schwingen zuerst zum Lineal hin und berühren es. Dann werden sie vom Lineal abgestoßen, und wenn du das Lineal wegnimmst, stoßen sie sich auch gegenseitig ab. Was geschieht hier?
An der Spitze deines geriebenen Lineals sitzen große Mengen von Elektronen. Es ist also negativ geladen und zieht die Puffreiskörnchen an. Bei der Berührung springen Elektronen über. Nun sind auch die Körnchen negativ geladen. Sie stoßen sich daher vom Lineal ab (gleiche Ladungen stoßen sich ab) und aus dem gleichen Grunde auch gegenseitig. Nach und nach gleichen sich die Elektronenüberschüsse aus und die Körnchen vergessen ihren gegenseitigen Widerwillen.
Noch eindrucksvoller siehst du diese gegenseitige Abneigung, wenn du eine Handvoll Puffreis in einen tiefen Teller gibst und dann dein geriebenes Plastik-Lineal darüber hältst. Die Körnchen werden zunächst hochspringen und am Lineal kleben. Dann aber spritzen sie nach allen Richtungen auseinander.

> ### ❓ Weißt du …
>
> … dass schon die alten Griechen vor über 2500 Jahren die elektrische Eigenschaft von Bernstein kannten? Sie hatten beobachtet, wie er nach dem Reiben kleine Schnipsel anzieht. Von dem griechischen Wort „elektron" für Bernstein stammt unser Wort Elektrizität.

# Experimente mit Chemie

Chemie – das klingt für viele Menschen höchst gefährlich, nach Gift, Gestank und Explosionen. Doch wir sind auf Schritt und Tritt von chemischen Vorgängen umgeben, die meist recht unauffällig ablaufen. Wenn Eisen rostet, Holz verbrennt, Pflanzen wachsen, wenn wir kochen, backen oder unser Essen verdauen, ist stets Chemie im Spiel. In einigen harmlosen Experimenten kannst du solche alltäglichen chemischen Vorgänge untersuchen.

## 128 Was geschieht, wenn eine Kerze brennt?

*Kerze, Streichholz, Teelöffel oder Kerzenlöscher*

Eine brennende Kerze ist nicht nur sehr romantisch – sie eignet sich auch für viele spannende Versuche. Denn in der Kerzenflamme laufen interessante chemische Vorgänge ab.
Nimm eine Kerze und halte ein brennendes Streichholz an den Docht. Nach kurzer Zeit, wenn etwas Kerzenwachs geschmolzen ist, beginnt er zu brennen. Lass die Kerze ein paar Minuten brennen. Dann nimm in die linke Hand einen Kerzenlöscher oder einen Teelöffel und in die rechte Hand ein brennendes Streichholz. Lösche die Flamme aus und führe dann sofort das brennende Streichholz von oben her an den noch rauchenden Docht. Wiederhole das mehrfach.
Du wirst feststellen, dass der Docht jetzt schon Feuer fängt, bevor das brennende Streichholz ihn berührt. Besonders der weißliche Rauch, der nach dem Auslöschen der Kerze aufsteigt, nimmt die Flamme leicht an. Der heiße Docht ist offensichtlich von einem brennbaren Gas umgeben, das bei Berührung mit einer Flamme sofort Feuer fängt. Im nächsten Versuch untersuchen wir dieses Gas genauer.

# 8 Experimente mit Chemie

## 129 Woraus besteht die Kerzenflamme?

*Eisengaze (aus dem Eisenwarenladen, notfalls ein altes Teesieb aus Metall), Kerze, Wäscheklammer aus Holz, Streichhölzer*

**Vorsicht: Verbrenne dich nicht!**

Eigentlich ein seltsames Ding, so eine Flamme. Sie ist nicht einfach ein Gas, denn sie ist heiß und leuchtet. Sie ist aber auch nicht flüssig oder fest. Was aber dann? Besorge dir im Eisenwarenladen zunächst ein Stück Eisengaze (ein Netz aus feinen Eisenfäden). Fasse es mit einer Wäscheklammer an und halte es mitten in die Kerzenflamme. Die Flamme setzt sich über der Gaze nicht fort. Bringst du aber ein brennendes Streichholz über die Gaze, so brennt die Kerzenflamme auch dort.

Wenn man den Docht zum ersten Mal anzündet, bringt die Hitze der Streichholzflamme zunächst das Kerzenwachs zum Schmelzen. Es steigt im Docht empor und wird dort so stark erhitzt, dass es verdampft, also gasförmig wird. Dieses Gas speist die Kerzenflamme. Deren Hitze bringt ständig weiteres Wachs zum Verdampfen; die Flamme sorgt also selbst für ihren Nachschub an Brennstoff. Löschst du die Flamme, bringt die im Docht gespeicherte Wärme noch weiteres Wachs zum Verdampfen. Wird dieses gasförmige Wachs nicht wieder entzündet, kühlt es schnell ab und bildet den aufsteigenden Rauch aus weißlichen Wachsteilchen.

Die Kerzenflamme besteht also aus brennendem Wachsdampf. Er verbindet sich in den Außenbezirken der Flamme mit dem Sauerstoff der Luft, dabei entsteht unter anderem Wärme und Licht. (Wenn du ein Streichholz für einen Moment quer durch die Kerzenflamme hältst, siehst du an der Schwärzung, dass die Flamme am Rand heißer ist als weiter innen.)

Die Eisengaze leitet die Wärme der Flamme ab, so dass die hochsteigenden Wachsgase sich nicht entzünden können – es sei denn, durch deine Streichholzflamme.

## 130 Was geschieht, wenn man eine brennende Kerze zudeckt?

*2 Teelichter, 2 Stücke steifer Draht (etwa 10 cm lang), Karton, Klebeband, Einmachglas, Streichhölzer*

**Vorsicht: Verbrenne dich nicht!**

Biege den Draht zu einem L und befestige das Teelicht mit Klebeband am kurzen Ast des L. Zünde das Teelicht an und lasse es vorsichtig am Draht in das Einmachglas hinab. Decke dann das Glas mit dem Stück Karton zu; achte dabei aber darauf, dass der Karton nicht Feuer fängt.

Nach einigen Sekunden geht die Kerze aus. Sie erstickt, denn sie braucht ständig frische Luft.

 **Weißt du …**

*… dass eine Flamme immer brennendes Gas darstellt? Bei der Gasflamme im Gasofen oder Gasherd ist das offensichtlich. Auch in der Kerzenflamme verbrennt Gas, das beim Erhitzen des Kerzenwachses entsteht. Brennendes Holz und Papier, Spiritus, Öl oder glühende Kohle geben ebenfalls brennbare Gase ab. Das tun sie aber erst, wenn sie selbst auf eine genügend hohe Temperatur erhitzt worden sind. Deshalb ist zum Entzünden immer ein brennendes Streichholz nötig. Ist die Gasbildung aber erst in Gang gekommen, unterhält sie die Flammen immer weiter – solange Brennstoff vorhanden ist.*

Tauche nun ein zweites Teelicht an einem Draht in das Glas, wobei du den Karton nur kurz zur Seite geschoben hast. Dieses Teelicht geht sofort aus, noch viel rascher als das erste.

Die Kerzen brauchen zum Brennen offenbar einen bestimmten Bestandteil der Luft. Ist er verbraucht, gehen sie aus. Man nennt diesen zum Brennen nötigen Luftbestandteil „Sauerstoff".

## 131 Was entsteht beim Verbrennen von Kerzenwachs?

Kerzen brauchen Sauerstoff zum Brennen. Und sie verändern sich dabei: Sie werden kleiner. Was geschieht mit dem Kerzenwachs in der Flamme?
Kühle die Schneide des Messers, indem du einige Sekunden kaltes Wasser darüber laufen lässt, und trockne sie dann rasch ab. Hauche darauf: Es entsteht ein Überzug aus feinsten Wassertröpfchen. Dein Atem enthält nämlich Wasserdampf, und der schlägt sich auf dem kalten Metall des Messers nieder.
Zünde nun die Kerzenflamme an und halte das kalte Messer kurz etwa sieben bis acht Zentimeter über die Flamme. Wie sieht es aus? Der feine Feuchtigkeitsbelag zeigt: Auch beim Verbrennen von Kerzenwachs entsteht Wasserdampf.
Halte nun die Untertasse für einige Sekunden direkt über die Flamme. Dreh sie dann herum und schau dir die Stelle an, wo die Flamme das Porzellan erwärmt hat. Sie ist schwarz von Ruß.
Ruß besteht vor allem aus dem chemischen Element Kohlenstoff, das auch die Steinkohle schwarz färbt. Offenbar steckt auch im hellen Kerzenwachs Kohlenstoff. Tatsächlich ist Kerzenwachs eine chemische Verbindung aus dem farblosen Gas Wasserstoff mit dem schwarzen, festen Kohlenstoff. Chemische Verbindungen haben häufig völlig andere Eigenschaften als ihre Ausgangsstoffe.
Beim Verbrennen verbindet sich der Wasserstoff mit dem Sauerstoff der Luft zu Wasser, das in der Flammenhitze sofort verdampft und als Wasserdampf aufsteigt. Der Kohlenstoff verbindet sich ebenfalls mit Luftsauerstoff zu dem farblosen Gas Kohlendioxid, das als Verbrennungsgas aufsteigt (dieses Gas lernst du bei Experiment 135 und den folgenden noch näher kennen). Ein kleiner Teil des Kohlenstoffs verbrennt jedoch nicht, sondern steigt als feiner Ruß in die Luft.
Und woher stammt die Hitze? Sie entsteht bei der Verbrennung, also bei der Verbindung des Kerzenwachses mit Sauerstoff. Das ist ein chemischer Vorgang, eine so genannte „chemische Reaktion". Bei sehr vielen chemischen Reaktionen bilden sich aus vorhandenen Stoffen neue Stoffe und es entsteht zusätzlich Wärme.

## 132 Was geht beim Rosten von Eisen vor sich?

Reagenzglas (aus der Apotheke), Eisenfeilspäne (vom Schlosser) oder Stahlwolle, Teller, Filzstift

Die Verbrennung, also die chemische Verbindung eines Stoffes mit Luftsauerstoff, geht keineswegs immer

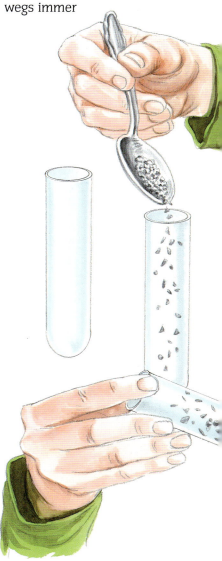

# 8 Experimente mit Chemie 93

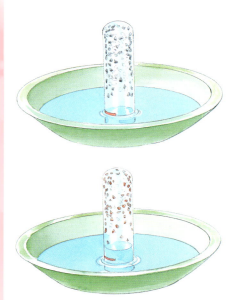

mit Hitze, Glut oder Flammen einher. Hier lernst du ein Beispiel einer „stillen Verbrennung" kennen, die langsam, gezügelt und ohne Flammenbildung verläuft. Spüle das Reagenzglas mit Wasser aus und schütte in das feuchte Glas einen Teelöffel voll Eisenfeilspäne. Drehe das Glas, damit möglichst viele Späne an der feuchten Innenwand hängen bleiben, und schütte den Rest der Späne wieder hinaus. Statt der Eisenfeilspäne kannst du auch ein Büschel Stahlwolle in das Glas drücken. Stelle dann das Reagenzglas mit der Öffnung nach unten in den flachen, etwa einen Zentimeter hoch mit Wasser gefüllten Teller. Markiere mit dem Filzstift den Wasserstand am Glas und lasse es über Nacht ungestört stehen.
Am nächsten Tag wirst du bemerken, dass das Eisen

nicht mehr grau, sondern rostrot aussieht und dass das Wasser im Glas gestiegen ist. Wenn genügend Eisen vorhanden ist, steigt es etwa bis zu einem Fünftel der Gesamthöhe.
Was ist hier geschehen? Aus unseren Experimenten mit der Luft wissen wir: Wenn das Wasser im Glas gestiegen ist, muss innerhalb des Glases der Luftdruck gesunken sein. Hinaus konnte die Luft nicht. Doch ein Teil der Luft hat sich mit dem Eisen zu Rost verbunden. Und in dieser festen Verbindung nimmt der Luftteil viel weniger Raum ein als in Form von Gas, deshalb ist das Wasser im Glas angestiegen. Der Stoff in der Luft, der sich beim Rosten mit dem Eisen verbindet, ist der gleiche, den die Kerze zum Brennen braucht: Sauerstoff.
Im restlichen Teil der Luft würde eine Kerze sofort ausgehen, sie würde ersticken. Dieses Gas heißt daher „Stickstoff". Luft ist ein Gasgemisch und besteht zu etwa 80 Prozent aus Stickstoff und zu 20 Prozent aus Sauerstoff.

## 133 Warum wechselt Rotkohl die Farbe?

> Rotkohl, Topf, kleine Flasche, 5 Gläser, Essig (keinesfalls Essigessenz!), Zitronensaft, Soda (Drogerie), Natron (= Backpulver), Seife

In manchen Rezepten ist Rotkohl rot, in anderen blau. Wie das kommt, findest du in diesem Versuch heraus. Sei aber vorsichtig mit dem Rotkohlsaft: Er macht auf der Kleidung hässliche, schwer auswaschbare Flecken.
Gieße in einem Topf heißes Wasser über fein gehackten Rotkohl und lasse ihn eine Stunde ziehen. Fülle die Hälfte dieses violetten Kohlwassers für spätere Versuche in ein Fläschchen und klebe ein Schild darauf: „Rotkohlsaft". Verteile dann den Rest auf fünf Gläser.
Gib in das erste Glas einen Esslöffel voll Essig und in das zweite

 **Weißt du …**

… dass auch du ständig Luft einatmen musst, um im Körper eine Art „stiller Verbrennung" zu unterhalten? Dein Körper wandelt Stoffe aus der Nahrung, etwa Fett oder Zucker, durch chemische Umsetzung mit Luftsauerstoff um und gewinnt so Energie – zum Wärmen, für Bewegungen und Wachstumsvorgänge. Diese chemische Reaktion findet überall im Körper statt. Das Blut führt die im Darm vorbereiteten Nahrungsstoffe in jede Zelle. Aus den Lungen bringt es, gebunden an die roten Blutkörperchen, den nötigen Sauerstoff mit. Das Blut sorgt auch für den Abtransport der Abfallstoffe: Kohlendioxid bringt es in die Lungen, wo es ausgeatmet wird, Wasser und andere Abfallprodukte in die Nieren; sie verlassen als Urin den Körper.

## ? Weißt du ...

... was Lackmuspapier ist? Ein Anzeiger für Säuren und Basen, der früher in jedem Chemielabor zu finden war. Lackmus, ein pflanzlicher Farbstoff, wird aus den Lackmusflechten gewonnen. Man tränkt mit ihm das Papier und trocknet es. Taucht man einen Streifen blaues Lackmuspapier in saure Flüssigkeiten, wird es rot. Umgekehrt färbt sich rotes Lackmuspapier in Basen blau.

etwas Zitronensaft. Löse jetzt einen halben Teelöffel Soda in zwei Esslöffeln Wasser auf und fülle die Lösung ins dritte Glas. Ins vierte gibst du eine Messerspitze Natron und ins fünfte eine Lösung aus einer Messerspitze Seife und zwei Esslöffeln heißem Wasser. Welche Farbe nimmt der Rotkohlsaft jeweils an?

Der violette Farbstoff des Rotkohls verfärbt sich durch saure Flüssigkeiten rot, Soda, Natron und Seife dagegen färben ihn blaugrün. Stoffe dieser Art, die durch Änderung ihrer Farbe den Säuregrad anzeigen, nennt man „Indikatoren". Sie werden in der Chemie viel gebraucht.

Löse einen Teelöffel voll Soda in einem halben Glas warmem Wasser. Tropfe diese Sodalösung unter ständigem Rühren in das Glas mit der Essig-Rotkohllösung hinein und beobachte die Farbänderung. Wiederhole den Versuch mit der Soda-Rotkohllösung, in die du Essig tropfst.

Säuren haben offenbar Gegenspieler, die sie unwirksam machen. Wir nennen solche Stoffe „Basen" oder „Alkalien". Soda, Natron und Seife gehören dazu. Basen heben die Wirkung von Säuren auf und umgekehrt. Der Indikator zeigt durch seine Farbe an, welcher Stoff in der Lösung gerade stärker ist.

## 134 Wie reagieren Säuren und Basen miteinander?

*Glas, Essig (keinesfalls Essigessenz!), Natron (= Backpulver), Rotkohlsaft*

Fülle ein Trinkglas zu einem Viertel mit Essig und schütte die gleiche Menge Wasser hinein. Probiere vorsichtig diese Mischung – sie schmeckt ziemlich sauer. Gib ein paar Tropfen Rotkohlsaft

dazu; er zeigt durch seine Rotfärbung „sauer" an. Füge jetzt eine etwa linsengroße Menge Natron hinzu und rühre um. Probiere wieder. Füge unter wiederholtem „Abschmecken" Natron hinzu. Der saure Geschmack ist schließlich verschwunden und der Rotkohlsaft hat sich violett gefärbt. Man sagt, das Natron habe die Säure im Essig „neutralisiert".

## 135 Welches Gas steckt im Backpulver?

*Natron, Essig, großes Glas, Streichhölzer*

**Vorsicht:** Verbrenne dich nicht!

Bei diesem Versuch sollte ein **Erwachsener** dabei sein.

Sicher ist dir im vorigen Versuch aufgefallen, dass das Natron beim Kontakt mit der Essiglösung aufschäumte. Offensichtlich ist ein Gas entwichen. Was könnte das für ein Gas sein?

Gib in ein großes Glas zwei Esslöffel Natron und schütte eine halbe Tasse Essig darüber. Sofort braust es kräftig auf. Zünde ein Streichholz an und halte es vorsichtig ins Glas: Die Flamme erlischt sofort. Das

# 8 Experimente mit Chemie 95

entstandene Gas wirkt offenbar erstickend, es unterhält die Verbrennung nicht. Wiederhole den Versuch mit dem Streichholz nach einer Viertelstunde. Auch jetzt geht es sofort aus, obwohl das Natron längst nicht mehr braust. Offenbar ist das entstandene Gas schwerer als Luft, sonst wäre es aus dem Glas nach oben entwichen. Man nennt dieses Gas „Kohlendioxid". Du kennst es schon als Produkt von Verbrennungsvorgängen – in der Kerzenflamme zum Beispiel, oder im Körper. In der Natur kommen Kohlendioxid und chemische Verbindungen, in denen es steckt, an vielen Stellen vor.

> **? Weißt du …**
>
> … dass Farbstoffe wie der im Rotkohl in vielen Blüten enthalten sind? Man nennt sie „Anthocyane". Das Wort kommt aus dem Griechischen, „anthos" bedeutet Blume und „kyaneos" (cyan) stahlblau. Anthocyane erzeugen in Blüten die Rot- und Blautöne. Auf Änderungen des Säuregrads reagieren sie mit Farbänderungen. Derselbe Stoff kann in einer Blüte rot, in einer anderen blau oder violett leuchten, je nachdem, wie die Pflanze den Säuregrad in den Blütenblättern einstellt. Tropfe jeweils etwas Essig auf Blüten verschiedener Pflanzen und beobachte, ob und wie sich der Farbton verändert. Besonders schön reagiert zum Beispiel die Vergissmeinnicht-Blüte.

## 136 Wie kann man Gase wiegen?

*2 Plastiktüten, Klebeband, Glas mit Kohlendioxid aus Experiment 135, Kleiderbügel-Waage aus Experiment 3*

In Versuch 3 hast du Luft gewogen. In derselben Art kannst du natürlich auch andere Gase wiegen. Zum Beispiel Kohlendioxid. Hänge an die Enden des Waagebalkens jeweils eine Papiertüte mit der Öffnung nach oben und stelle Gleichgewicht her.

Neige dann das mit Kohlendioxid gefüllte Glas aus dem vorigen Versuch so vorsichtig über eine der Tüten, dass zwar das unsichtbare Gas, nicht aber Flüssigkeit überläuft. Die Tüte füllt sich mit dem Gas und senkt sich. Was wir nach dem vorigen Experiment vermutet hatten, hast du nun bewiesen: Kohlendioxid ist schwerer als Luft.

### Weißt du …

… dass es Stellen gibt, wo Kohlendioxid aus Erdspalten austritt? Das kann gefährlich werden, weil das Gas farb- und geruchlos ist. Bei Neapel gibt es die „Hundsgrotte": eine kleine Höhle, aus deren Boden Kohlendioxid sickert. Weil das Gas schwerer als Luft ist, sammelt es sich über dem Boden und bildet eine etwa 70 cm hohe Schicht. Hunde können dort ersticken (daher der Name), die meisten Menschen dagegen tragen den Kopf hoch über dem Gas und sind daher nicht gefährdet. Auch in Weinkellereien und Brauereien entsteht bei der Gärung viel Kohlendioxid. Dort achtet man sehr darauf, die Räume gut zu lüften, und überprüft notfalls mit einer brennenden Kerze die Luftqualität.

## 137 Wie kann man Kohlendioxid nachweisen?

*zwei Teelöffel frischer Zement, zwei Gläser (eines davon mit Deckel), Reagenzglas, Essig, Natron (Backpulver), Einmachglas, Kerze, Draht, Rotkohlsaft*

**Bei diesem Versuch sollte ein Erwachsener dabei sein.**

**Vorsicht!** Kalkwasser sollte nicht in die Hände kleiner Kinder kommen. Wenn etwas davon ins Auge gerät, sofort mit viel Wasser ausspülen!

Nachweismittel oder „Reagenzien" werden in der Chemie viel verwendet. Rotkohlsaft als Anzeiger für Säuren und Basen kennst du schon. In diesem Experiment stellst du ein Reagenz auf Kohlendioxid her, das so genannte „Kalkwasser".
Schütte zwei Teelöffel voll Zement in ein Glas mit warmem Wasser. Warte, bis sich die ungelösten Teile abgesetzt haben und gieße die überstehende klare Flüssigkeit, das „Kalkwasser", vorsichtig ab. Damit sie für mehrere Versuche reicht, solltest du sie in ein Glas füllen, es verschließen und gut beschriften!
Tropfe jetzt etwas Rotkohlsaft in einen Teelöffel Kalkwasser. Er färbt sich blaugrün: Kalkwasser ist eine Base.
Wiederhole in einem Glas das Experiment 135 mit etwas Natron und Essig. „Gieße" etwas von dem entstehenden Kohlendioxid-Gas in ein Reagenzglas, gib einen Teelöffel voll Kalkwasser hinein und schüttle vorsichtig.
Das Kalkwasser trübt sich: Diese Trübung zeigt stets Kohlendioxid an. Warum? Es bildet sich dabei Kalk (die Chemiker sagen dazu „Calciumcarbonat"). Kalk ist eine in Wasser schwer lösliche Verbindung, in der das chemische Element Calcium mit Kohlendioxid verbunden ist.
Gib zwei Esslöffel voll Kalkwasser in ein Einmachglas, hänge wie in Versuch 130 eine brennende Kerze hinein, decke das Glas zu und lasse sie ausgehen. Dann schüttle das Glas etwas und achte auf das Kalkwasser. Es trübt sich und beweist damit, dass die Kerze Kohlendioxid freigesetzt hat.

## 138 Enthält auch der Atem Kohlendioxid?

*Reagenzglas, Kalkwasser, Trinkhalm, Schutzbrille*

**Bei diesem Versuch sollte ein Erwachsener dabei sein.**

**Achtung:** Setze dabei auf jeden Fall eine Schutzbrille auf und achte darauf, kein Kalkwasser ins Auge oder in den Mund zu bekommen!

Fülle ein Reagenzglas zur Hälfte mit Kalkwasser und puste mit einem Trinkhalm vorsichtig Luft hinein. Wie sieht nach einigen Minuten das Kalkwasser aus?
Auch die Luft, die du ausatmest,

# 8  Experimente mit Chemie   97

enthält offenbar Kohlendioxid. Dieses Gas entsteht nicht nur bei jeder Verbrennung mit offener Flamme, sondern auch bei der „stillen Verbrennung" in unserem Körper. Wenn die ausgeatmete Luft

>  **Weißt du ...**
>
> ... wie du dir selbst Brausepulver herstellen kannst? Mische zwei Teile Zucker, zwei Teile pulverisierte Zitronensäure aus dem Supermarkt oder aus der Apotheke und ein Teil Natron. Wenn du dieses Gemisch mit Fruchtsaft übergießt, entsteht ein brausendes, erfrischendes Getränk.

großen Mengen. Meist jedoch wird es unter hohem Druck künstlich hineingepresst und löst sich im Wasser auf. Beim Öffnen der Flasche sprudeln dann überall die kleinen Bläschen hervor.

## 140 Woraus bestehen Eierschalen?

*Eierschale, Essig (nicht Essigessenz!), Kalkwasser, Reagenzglas*

Kohlendioxid enthält, sollte es auch in der normalen Raumluft nachweisbar sein. Lass in einem Glasschälchen einige Esslöffel Kalkwasser an der Luft stehen. (Achte darauf, dass nicht ein kleines Kind das Glas in die Hand bekommt!) Nach einigen Stunden hat es sich tatsächlich getrübt. Luft enthält in geringer Konzentration (etwa ein 30stel Prozent) Kohlendioxid. In Experiment 114 erfährst du, warum dieses Kohlendioxid in der Luft trotz seiner geringen Menge so wichtig ist.

## 139 Welches Gas sprudelt im Sprudel?

*Glas, Sprudel, Kalkwasser*

Mische etwas farblosen Sprudel mit Kalkwasser. Sofort trübt es sich. Es ist Kohlendioxid, das dem Sprudel den erfrischenden, etwas säuerlichen Geschmack verleiht. Manche Mineralwässer enthalten dieses Gas von Natur aus in

Gib einige Eierschalen in ein Reagenzglas, überschütte sie mit Essig und prüfe das aufschäumende Gas mit Kalkwasser. Prüfe ebenso Kalkstein, Korallen und Muschelschalen.
All diese Stoffe enthalten Kalk. Aus Experiment 137 weißt du, dass Kalk ein Stoff ist, in dem Kohlendioxid chemisch gebunden ist. Säuren zerstören diese Verbindung und setzen dabei Kohlendioxid aus dem Kalk frei.
In der Natur begegnest du Kalk an vielen Stellen. Aus ihm beste-

hen nicht nur Eier und Muschelschalen, sondern ganze Gebirge, zum Beispiel große Teile der Alpen, die Fränkische und die Schwäbische Alb.

Kleine Mengen Kalk finden sich auch oft im Grundwasser gelöst. Manchmal ist das Wasser, das aus dem Wasserhahn strömt, sogar ziemlich kalkhaltig. Beim Trinken stört das nicht. Aber beim Erhitzen scheidet sich der Kalk als zunächst dünne, bräunliche Schicht am Topfboden ab. Mit der Zeit wird dieser „Kesselstein" immer dicker und muss entfernt werden. Auch die Kaffeemaschine und die Düse des Wasserhahns verkalken mit der Zeit.

Mit Essig kannst du den Kalk entfernen. Tropfe etwas Essig auf Kesselstein: Das Aufbrausen beweist, dass Kohlendioxid frei wird.

## 141 Wie kann man Geheimtinte herstellen?

Essig, Zitronensaft oder Zwiebelsaft, Papier, alter Füller oder Holzstift zum Schreiben, Bügeleisen

Es wäre doch ganz praktisch, Briefe schreiben zu können, die nicht jeder lesen kann. Dank deiner chemischen Kenntnisse ist das für dich kein Problem. Schreibe mit Essig, Zitronen- oder Zwiebelsaft auf normalem weißen Papier. Nach dem Trocknen ist die Schrift unsichtbar.

Dein Freund braucht aber nur mit dem Bügeleisen vorsichtig über das Papier zu bügeln – schon erscheint eine braune Schrift: Die von der Geheimtinte getroffenen Stellen haben sich chemisch verändert und bräunen früher als das unbehandelte Papier.

 **Weißt du …**

… dass Tropfsteinhöhlen durch chemische Vorgänge entstehen? Kohlensäurehaltiges Wasser – etwa Regenwasser, das beim Versickern Kohlendioxid aus dem Boden aufnimmt – löst nämlich Kalk auf. Es sickert durch Risse ins Gestein und erweitert sie im Laufe der Zeit zu meterbreiten Spalten und gewaltigen Grotten. Dieselbe chemische Reaktion erzeugt, wenn sie umgekehrt abläuft, die Tropfsteine. Tritt ein Tropfen Wasser, der aufgelösten Kalk enthält, an der Höhlendecke aus einem Spalt hervor, gibt er etwas Kohlendioxid an die Höhlenluft ab. Dadurch kann er nicht mehr so viel Kalk gelöst behalten und scheidet etwas davon ab. Allmählich wachsen so gewaltige, von der Decke hängende Tropfsteine („Stalaktiten"). Und wo die Tropfen auf den Boden treffen, entsteht ein weiterer Tropfstein, ein „Stalagmit".

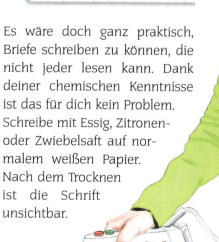

# 8 Experimente mit Chemie

## Weißt du ...

... dass Geheimtinten schon seit Jahrhunderten bei Spionen, Geheimboten und Liebespaaren in Gebrauch sind? Es gibt Dutzende von Rezepten; bei manchen braucht man Spezial-Chemikalien, um den Text sichtbar zu machen. Am geschicktesten schreibt man mit der Geheimtinte zwischen die Zeilen eines harmlosen Briefes: Das fällt viel weniger auf als ein leeres Blatt Papier im Umschlag.

kannst du auch violettrote und grüne Flammen machen. Pottasche enthält nämlich viel Kalium, und in Borax steckt Bor, das die Flamme grün färbt.
Du siehst: Flammenfärbung kann ebenso als Indikator für bestimmte chemische Stoffe verwendet werden wie Rotkohlsaft oder Kalkwasser.

## 142 Wie entstehen farbige Flammen?

Blechdeckel, Brennspiritus, Kochsalz, Essig, Kreide oder Eierschale, Pottasche (Drogerie, Apotheke), Borax oder feste Borsäure (Apotheke), Watte

**Vorsicht** mit der Flamme – Spiritus ist feuergefährlich! Schraube die Flasche nach Gebrauch sofort zu und achte darauf, dass keine brennbaren Dinge (Holz, Gardinen, Stoff) in der Nähe sind!

Bei diesem Versuch sollte ein **Erwachsener** dabei sein.

Der folgende Versuch ist besonders eindrucksvoll in einem verdunkelten Raum. Lege einen kleinen Wattebausch auf einen Blechdeckel, der auf feuerfester Unterlage steht, und tropfe etwa einen Teelöffel voll Brennspiritus darauf. Verschraube die Flasche und stelle sie weg, erst dann zünde den Spiritus an.
Die Flamme brennt fast farblos. Wenn du jetzt aber etwas Kochsalz in die Flamme streust, leuch-

tet sie kräftig gelb. Achte darauf, wie blass in diesem Licht die Gesichter deiner Freunde aussehen. Das chemische Element Natrium, ein Bestandteil des Kochsalzes, ist für diese Gelbfärbung verantwortlich.
Tropfst du etwas Essig auf Schlämmkreide, Kalk oder Eierschale und bringst das aufschäumende Gemisch in die Flamme, so färbt sie sich ziegelrot – ein Hinweis auf das Element Calcium in der Schlämmkreide und im Kalk. Mit Pottasche und Borax

## Weißt du ...

... dass die farbigen Lichter bei Feuerwerken durch ähnliche Stoffe wie in deinem Versuch erzeugt werden? Meist sind es auch hier Natrium-, Kalium-, Calcium- oder Kupfersalze. Ein leuchtendes Rot geben Verbindungen des Elements Strontium, Barium macht die Flammen leuchtend grün – etwa für bengalische Lichter. Und die hellen Funken kommen von brennendem Eisen-, Aluminium- oder Magnesium-Metall.

## 143 Wie kann man erkennen, wo Stärke enthalten ist?

> Untertasse, Stärke, Natron (Backpulver), Jodtinktur (im Tropffläschchen aus der Apotheke), Proben von diversen Nahrungsmitteln

Indikatoren, mit denen sich andere Stoffe chemisch nachweisen lassen, sind in der Chemie sehr wichtig. Denn ein Ziel der Chemie ist ja gerade, die Zusammensetzung von Stoffen herauszufinden. Selbst Nahrungsmittel kann man unter die „chemische Lupe" nehmen. In diesem und den folgenden Versuchen wollen wir uns einige häufige Stoffe genauer chemisch ansehen.
Streue etwas Stärke auf die eine Seite der Untertasse und ebensoviel Natron auf die andere Seite.

### Weißt du …

… dass du Kartoffeln frostsicher lagern solltest? Sonst werden sie nämlich süß und schmecken nicht mehr. Ursache sind Stoffe in der Kartoffel, die Stärke zu Zucker abbauen. Normalerweise verbraucht die Kartoffel den Zucker. Doch durch Frost wird der Zuckerabbau gehemmt. Die Umwandlung von Stärke in Zucker geht aber weiter, und so sammelt sich immer mehr Zucker in der Kartoffel an.

Tropfe jeweils etwas Jodtinktur auf die weißen Pulver. Die Stärke verfärbt sich blauviolett bis schwarz, das Natron behält die braune Jodfarbe. Jod ist ein Reagenz auf Stärke.
Prüfe Kartoffelscheiben, Weißbrot, Mehl und Kekse mit der Jodlösung: Alle stecken voller Stärke. Stärke ist für die meisten Pflanzen ein Reservestoff, ein Nahrungsvorrat für schlechte Zeiten. Auch Früchte und Samen enthalten Stärke als Vorrat für die jungen Pflänzchen. Deshalb sind zum Beispiel Kartoffeln und Getreidekörner voller Stärke. Und wir Menschen nutzen diese Nahrungsvorräte der Pflanzen für unsere Ernährung.

## 144 Wie kann man Wasser in seine Bestandteile zerlegen?

> großes Einmachglas, Essig, 2 isolierte Kupferdrähte, Messer, Korken, 2 frische Taschenlampenbatterien (4,5 Volt, flach), 2 Reagenzgläser, 4 Büroklammern, Holzspan, Kerze, Streichhölzer

Wasser ist die wichtigste Flüssigkeit auf der Erde: Ohne Wasser gäbe es kein Leben. Aber was ist Wasser eigentlich?
Fülle das Glas vollständig mit Wasser und gib einen Esslöffel Essig hinein. Stelle es in eine

große Schüssel. Forme nach der Zeichnung zwei Kupferdrähte und entferne mit dem Messer die Isolierung der Enden auf etwa 5 Zentimetern. Verbinde einen der Drähte mit Hilfe einer Büroklammer mit der langen Lasche (dem Minuspol) der Batterie, den anderen mit der kurzen Lasche (dem Pluspol).

> **Tipp:** Am besten gelingt dieses Experiment mit zwei hintereinander geschalteten Batterien. Dazu verbindest du wie in Experiment 122 den Pluspol der ersten Batterie mit dem Minuspol der zweiten und den Pluspol der zweiten mit dem Reagenzglas.

Fülle die Reagenzgläser vollständig mit Wasser und stülpe sie über die ins Glas gelegten Kupferdrähte. Aus Experiment 4 weißt du ja, dass kein Wasser ausläuft, solange die Öffnungen unter Wasser bleiben.
Beobachte die Versuchsanordnung nun einige Stunden lang. Von den Kupferdrähten steigen kleine Gasblasen auf, sammeln sich in den Reagenzgläsern und verdrängen dort langsam das Wasser. Nach einiger Zeit ist das Wasser aus dem einen Glas – es ist an den Minuspol der Batterie angeschlossen – völlig verdrängt, aus dem anderen etwa zur Hälfte. (Sollte die Batterie zu früh leer sein, schließe die zweite an.)
Hebe das zur Hälfte gefüllte Glas vorsichtig vom Kupferdraht, verschließe es noch unter Wasser mit einem Korken, ziehe es dann ganz heraus und halte es aufrecht. Nimm einen dünnen Holzspan, zünde ihn an der Spitze an und blase die Flamme gleich wie-

# 8 Experimente mit Chemie

der aus, so dass der Span nur noch glimmt. Tauche den glimmenden Span nun in das Reagenzglas: Er flammt hell auf – ein Anzeichen für das Gas Sauerstoff. Dieses Gas ist der Bestandteil der Luft, der die Verbrennung fördert und den wir zum Atmen brauchen. Du kennst es schon aus den Experimenten 130 und 132.

Das andere Glas nimmst du im etwas abgedunkelten Zimmer vorsichtig mit der Öffnung nach unten aus dem Wasser und hältst es an eine Kerzenflamme.

Es gibt einen leichten Puff und eine schwachblaue Flamme brennt im Glas. Dieses Gas ist „Wasserstoff", das leichteste aller Gase, das früher oft als Füllung für Ballons und Luftschiffe verwendet wurde.

Die Flüssigkeit Wasser besteht also aus zwei Gasen: Sauerstoff und Wasserstoff. Aus den Mengenverhältnissen in den Reagenzgläsern kannst du schließen, dass Wasser nur halb so viel Sauerstoff wie Wasserstoff enthält. Chemiker haben dem nassen Element daher die berühmte Formel $H_2O$ (sprich Ha-zwei-Oh) gegeben. O ist das chemische Zeichen für Sauerstoff, H für Wasserstoff. Die Zahl 2 am H zeigt an, dass in einem Wassermolekül (also dem kleinsten Wasserteilchen) doppelt so viel Wasserstoff wie Sauerstoff enthalten ist. Ein Wassermolekül besteht nämlich aus zwei Wasserstoffatomen und einem Sauerstoffatom.

## 145 Woraus besteht Kochsalz?

*Einmachglas, 2 Kupferdrähte (aus Experiment 144), Kochsalz, frische Taschenlampenbatterie, Rotkohl-Indikator aus Experiment 133, Büroklammern*

Kochsalz: Noch eine alltägliche Substanz, deren chemische Zusammensetzung erforscht werden will. Löse eine Hand voll Salz im Einmachglas voll Wasser.

Hänge wieder die Kupferdrähte wie im vorigen Versuch ins Wasser, aber ohne Reagenzgläser.

Schließe die frische Batterie an.

Nach einigen Minuten steigt an dem Kupferdraht, der mit dem Pluspol der Batterie verbunden ist, ein stechend riechendes, gelbgrünes Gas auf; gleichzeitig färben sich Kupfer und das Wasser drumherum blaugrün. Hier hat sich einer der Bestandteile des Kochsalzes abgeschieden: das Gas Chlor. Es reizt zum Husten, du solltest es also möglichst nicht einatmen. Außerdem ist es sehr

 **Weißt du ...**

*... dass die chemische Bindung die Eigenschaften von Stoffen sehr stark verändert? Wasser zum Beispiel besteht aus zwei Stoffen, die normalerweise Gase sind: Sauerstoff und Wasserstoff. Sie sind im Wasser aber nicht einfach vermischt, sondern zu einem neuen Stoff chemisch verbunden. Aus den zwei Gasen Wasserstoff und Sauerstoff wird eine flüssige Substanz, die sich ganz anders verhält als ihre beiden Ausgangsstoffe. In unserem Versuch hat der elektrische Strom diese chemische Bindung gesprengt und die Gase wieder freigesetzt. Ähnliches kannst du auch beim Kochsalz beobachten.*

angriffslustig: Es verbindet sich mit dem Kupfer des Drahtes zu einer blaugrünen chemischen Verbindung.

Am anderen Pol steigen feine Gasblasen auf. Wenn du sie untersuchen würdest, könntest du sie als Wasserstoff erkennen. Fasse in das Wasser um den Draht und reibe dann deine Finger aneinander – sie fühlen sich seifig an. Tropfe an diese Stelle etwas Rotkohl-Indikator. Er färbt sich blau, als Zeichen, dass hier eine Base entstanden ist.

Der zweite Bestandteil des Kochsalzes ist Natrium. Es ist eigentlich ein Metall, das aber mit Wasser sehr schnell reagiert; dabei entsteht Wasserstoff und die Base Natronlauge.

Das bekannte weiße Pulver mit dem salzigen Geschmack setzt sich also aus zwei Stoffen zusammen, von denen eines ein giftiges Gas, das andere ein Metall ist. Du siehst, wie im vorigen Experiment, dass Stoffe ihre Eigenschaften doch ganz erheblich verändern, wenn sie mit anderen Stoffen chemische Verbindungen eingehen.

## 146 Wie zündet man einen Zuckerwürfel an?

*2 Zuckerwürfel, Untertasse, Streichhölzer, Asche (zum Beispiel von einer Zigarette)*

**Vorsicht: Verbrenne dich nicht!**

In diesem Versuch lernst du nicht nur ein spannendes Phänomen aus der Chemie kennen, du könntest ihn auch zur Grundlage einer Wette machen. Wette einfach mit deinen Freunden darum, dass du als Einziger einen Zuckerwürfel anzünden und brennen lassen kannst. Wenn deine Freunde den entsprechenden Trick nicht kennen, wird es ihnen nämlich nicht gelingen.

Lege den Zuckerwürfel auf die Untertasse und versuche ihn anzuzünden. Es wird dir nicht gelingen; die Hitze deines Streichholzes schmilzt ihn

# 8 Experimente mit Chemie 103

nur zu braunem Karamel zusammen.

Wiederhole den Versuch mit einem neuen Würfel, auf dessen Ecke du eine Spur Asche verrieben hast. Der Zucker fängt Feuer und brennt mit blassblauer Flamme.

Zucker und Asche, allein angezündet, brennen nicht. Werden sie aber zusammengebracht, so unterhält die Asche die Verbrennung des Zuckers, ohne sich selbst dabei zu verändern – deshalb reicht schon eine winzige Menge.

Stoffe, die chemische Vorgänge unterstützen, ohne sich dabei selbst zu verändern, nennt man „Katalysatoren". Auch in den Auspuffen moderner Autos gibt es Katalysatoren. Sie bestehen aus Platin und unterstützen die Umwandlung gefährlicher Motorabgase, vor allem der giftigen Gase Kohlenmonoxid und Stickoxid, in ungefährliche Stoffe wie Wasser, Stickstoff und Kohlendioxid.

## 147 Woraus setzt sich Tinte zusammen?

*weißes Löschpapier, Schüssel, Reißnägel, verschiedene Tinten, Filzstifte, Schere*

Schneide das Löschpapier in Streifen von je 1 Zentimeter Breite. Tropfe jeweils 2 Zentimeter vom unteren Rand entfernt einen Tropfen farbige (blaue, rote, grüne und vor allem schwarze) Tinte darauf und lasse sie eintrocknen. Befestige dann die Streifen nebeneinander mit Reißnägeln an der Wand und schiebe eine mit Wasser gefüllte Schüssel so darunter, dass die Streifen jeweils etwa einen Zentimeter weit ins Wasser ragen.

Im Laufe einiger Stunden steigt nun das Wasser im Löschpapier empor und nimmt dabei die Farben der Tinten unterschiedlich weit mit. So kannst du sie auf dem Papier gut unterscheiden. Hättest du gedacht, dass in schwarzer Tinte fast alle Farben des Regenbogens zusammengemischt sind, nicht aber die Farbe Schwarz? Aber denke an Experiment 91: Wir sehen Schwarz, wenn ein Körper kein Licht mehr zu uns zurückstrahlt. Schwarz ist eine Mischung aus allen anderen Farben und jede der Farben schluckt einen Teil des Regenbogenspektrums aus dem weißen Licht, bis nichts mehr übrig bleibt.

Mit derselben Methode kannst du auch die Farbstoffe von Bonbons und Filzstiften zerlegen.

> **? Weißt du …**
>
> *… dass man Tinte schon seit Jahrtausenden verwendet? Im alten China malte man mit Ruß, der in Gummi arabikum fein verteilt war. Eine besonders dauerhafte Tinte, die auch im Licht nicht ausbleicht, stellte man aus Eichengallen und Eisenverbindungen her. Noch heute nimmt man sie für wichtige Dokumente, zum Beispiel Staatsverträge. Die im Alltag gebrauchten Tinten bestehen heute aus chemisch hergestellten Farbstoffen.*

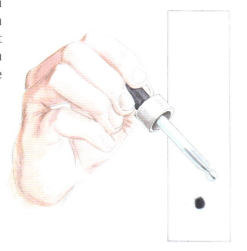
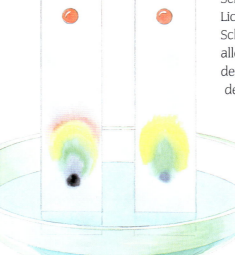

## ❓ Weißt du ...

... warum sich die Blätter im Herbst färben? Die gelben und orangeroten Farbstoffe stecken schon seit dem Frühjahr in den Blättern und erfüllen dort verschiedene Aufgaben. Man sieht sie nur nicht, weil sie vom Blattgrün überdeckt werden. Im Herbst aber ziehen die Pflanzen das Blattgrün ein. Es enthält nämlich einen wichtigen Stoff, das chemische Element Magnesium, und den speichert die Pflanze fürs nächste Jahr. Die anderen Farbstoffe braucht sie dagegen nicht mehr. Sie bleiben in den Blättern und entfalten jetzt ihre Leuchtkraft. Manche Pflanzen stecken jetzt auch andere Stoffe, die sie nicht mehr brauchen, in die Blätter – sie nutzen sie sozusagen als Abfalleimer. Diese Abfallstoffe erzeugen die kräftigen Rottöne. Doch schließlich trocknen die Blätter ab, die Farbstoffe zersetzen sich, und das Laub ist nur noch braun.

## 148 Welche Farbstoffe färben Blätter und Blüten?

grüne Blätter, Sand, kleines Glas, Schnapsglas, Brennspiritus, weißes Löschpapier, Trinkhalm, Gummi, Einmachglas mit Deckel, Schere, Bleistift, Lineal, alte Tasse, kleiner länglicher Stein

**Bei diesem Versuch sollte ein Erwachsener dabei sein.**

**Vorsicht:** Spiritus ist feuergefährlich und darf nicht in die Nähe offener Flammen kommen. Schraube die Flasche nach Gebrauch sofort zu und stelle sie weg. Atme möglichst wenig Spiritusdampf ein.

Fülle einige grüne Blätter, etwas Sand und zwei Esslöffel voll Brennspiritus in die alte Tasse und zerreibe die Blätter zwei bis drei Minuten lang mit Hilfe des Steins. Dabei entsteht eine grüne Lösung. Gieße sie in ein Glas ab. Ziehe auf einem ganzen Blatt weißen Löschpapiers etwa zwei Zentimeter vom Rand entfernt einen dünnen Bleistiftstrich und tropfe ganz vorsichtig die grüne Blattgrün-Lösung entlang dieses Striches.
Am besten geht das mit einem dünnen Trinkhalm, mit dem du jeweils einen Tropfen nimmst und dann aufs Papier setzt. Zwischendurch lässt du den grünen Strich eintrocknen, dann gibst du die nächste Lage Flüssigkeit darauf. Je feiner der grüne Strich wird, desto besser sind hinterher die Ergebnisse des Versuchs.

Schließlich drehst du das Löschpapier mit dem grünen Strich nach unten zu einer Rolle zusammen, die du mit einem Gummiband fixierst.

Fülle ein Schnapsglas zur Hälfte mit Brennspiritus und mische Wasser hinein, bis es voll ist. Diese Mischung schüttest du in ein leeres Einmachglas; der Boden sollte etwa einen Zentimeter hoch bedeckt sein. Dort hinein stellst du nun die Löschpapierrolle mit dem grünen Strich nach unten und deckst

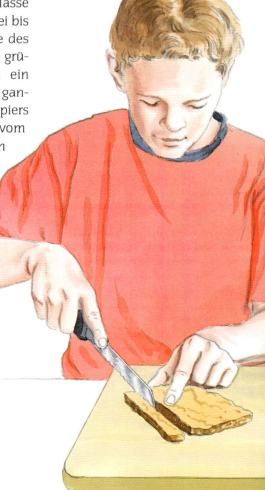

den Deckel aufs Glas. Die Brennspiritus-Wasser-Mischung steigt nun langsam hoch und nimmt dabei die Bestandteile des Blattgrüns unterschiedlich weit mit. Ist sie nach einigen Stunden oben angekommen, nimmst du das Löschpapier heraus und trocknest es bei offenem Fenster. Die Brennspiritus-Wasser-Mischung aus dem Glas spülst du vorsichtig, mit viel Wasser vermischt, ins Waschbecken. (Vorsicht mit offenen Flammen! Dämpfe nicht einatmen!)

Wie sieht das Löschpapier aus? Du wirst am Startpunkt einen gelben Farbstoff finden, der gar nicht gewandert ist. Darüber sind zwei grüne Bereiche, einer mehr gelblich, der andere bläulich, und außerdem, je nach Art der Blätter, weitere gelbe, rote und bräunliche Flecke. Blattgrün, das zeigt dein Experiment, besteht also aus zwei unterschiedlichen Bestandteilen. Weiterhin sind in den Blättern noch andere Stoffe mit gelber oder roter Farbe enthalten. Im Herbst kommen diese Farbstoffe zum Vorschein: So entsteht die leuchtende Färbung des Herbstlaubs.

Mit der gleichen Methode kannst du auch Blütenblätter und farbige Früchte untersuchen.

Tropfen Wasser an und gibt einen Esslöffel Butter darauf. Erwärme das Ganze vorsichtig und langsam auf dem Herd. Butter und Zucker schmelzen, das Gemisch färbt sich gelblich und wirft Blasen. Rühre immer wieder mit dem Löffel um, damit es nicht anbrennt.

Schütte die heiße Masse dann auf ein Stück Backpapier. Nach einigen Minuten erstarrt sie. Jetzt kannst du sie auseinander schneiden oder zerbrechen und die selbst gemachten Karamelbonbons unter deine Freunde verteilen.

## 149 Wie kann man selbst Karamelbonbons herstellen?

*Rohrzucker (Haushaltszucker), Pfanne, Butter, Backpapier, Kochlöffel*

Zum Abschluss unseres Ausflugs in die Chemie kommt jetzt noch eine besonders angenehme „Stoffumwandlung".

Gib einige Esslöffel Zucker in die Pfanne. Feuchte ihn mit einigen

### ❓ Weißt du …

… dass unser Haushaltszucker aus Zuckerrüben gewonnen wird? Sie werden gewaschen und zerkleinert; aus ihrem Saft wird der Zucker gewonnen und mehrfach gereinigt, bis er schön weiß ist. Es gibt die verschiedensten Zuckersorten: Puderzucker ist besonders fein gemahlener Zucker, Kandis besteht aus großen Kristallen, die in Spezialverfahren gewachsen sind. Bis Ende des 17. Jahrhunderts konnten sich bei uns nur wohlhabende Leute Zucker leisten.

# Experimente mit Biologie

Einen Experimentator interessiert natürlich auch die geheimnisvolle Welt des Lebens. Mit Tieren allerdings solltest du auf gar keinen Fall experimentieren. Dafür bietet dir aber das Pflanzenreich eine Fülle spannender Versuche.

Keimling

## 150 Was kann man in einem Samenkorn finden?

*3 trockene Bohnen (Küche oder Samentüte vom Gartengeschäft), Lupe (5- bis 10-fache Vergrößerung)*

Am Anfang des Pflanzenlebens steht ein ganz kleines Ding: das Samenkorn. Ist es nicht erstaunlich, dass sich aus den oft winzigen Körnchen große Pflanzen entwickeln können? In den nächsten Versuchen wollen wir Samen und ihre Keimung etwas genauer untersuchen. Am besten nimmst du dazu Bohnen, denn sie sind besonders große und leicht erhältliche Samenkörner.
Lege drei Bohnen für ein paar Stunden ins Wasser und vergleiche sie dann mit den anderen. Die angefeuchteten Bohnen sind größer geworden; ihre Haut hat Falten und ist vielleicht aufgeplatzt.

Öffne eine dieser Bohnen mit dem Daumennagel und untersuche sie mit der Lupe. Du erkennst die noch winzige Pflanze, den Keimling. Die gelbliche Masse rundherum (die „Keimblätter") stellt die erste Nahrung für diesen Keimling da; sie muss reichen, bis er die ersten Wurzeln und Blätter ausgebildet hat.

## 151 Wie kann Wasser in ein Samenkorn dringen?

*6 trockene Bohnen (Küche oder Samentüte vom Gartengeschäft), Glas, Kerze, Streichhölzer, Lupe (5- bis 10-fache Vergrößerung)*

**Vorsicht: Verbrenne dich nicht!**

# 9  Experimente mit Biologie

## Weißt du ...

... dass der Riesenmammutbaum in Kalifornien bis zu 120 Meter hoch werden kann? Das ist siebenmal so hoch wie ein sechsstöckiges Wohnhaus! Er wiegt dann rund 2500 Tonnen, so viel wie 30 große Lastwagen. Dabei entwickelt er sich aus einem Samenkorn, das nur etwa ein zweihundertstel Gramm wiegt. Der Mammutbaum steigert sein Gewicht während seines Wachstums also um das 400-milliardenfache! Allerdings braucht er dafür auch viele Jahrhunderte.

Wochenlang, vielleicht sogar seit Monaten lagen die Bohnen im Geschäft, und nichts rührte sich. Erst das Wasser hat sie zum Leben erweckt. Auch in der Natur keimen Samen erst, wenn es feucht genug ist. Das ist gut so, denn das sich entwickelnde Pflänzchen braucht viel Wasser.

Doch wie spüren Bohnen mit ihrer glatten, undurchlässig wirkenden Schale die Feuchtigkeit? Suche dir sechs Bohnen mit vollkommen unbeschädigter Haut aus und untersuche sie mit der Lupe sorgfältig. Bis auf eine Stelle an der Seite sind sie glatt und gleichmäßig gefärbt. Diese eine Stelle sieht aus wie eine weiße Narbe. An einem Ende dieser Narbe kannst du einen winzigen Punkt erkennen. Zünde eine Kerze an und lasse bei drei deiner Bohnen jeweils etwas Wachs auf die Narbe tropfen. Lege alle sechs Bohnen über Nacht ins Wasser.

Am nächsten Morgen sind die drei mit Wachs verschlossenen Bohnen vermutlich unverändert, die anderen drei jedoch aufgequollen. Das kleine Loch in der Narbe ist also die Stelle, an der das Wasser in die Bohne eindringt.

## 152 Welche Kraft können Samen beim Quellen freisetzen?

*trockene Erbsen oder Reis, Glas, Gips, Pappschachtel, Schüssel*

Wenn Wasser in ein Samenkorn dringt, verändert sich der Same. In seinem Innern laufen bestimmte Vorgänge ab, die die Keimung vorbereiten. Und er wird deutlich größer.

Fülle ein Glas mit trockenen Erbsen oder Reis und schütte Wasser bis zum Rand hinein. Nach einigen Stunden sind Erbsen oder Reis gequollen und schieben sich über den Rand hinaus.

Die Kraft, die die Erbsen bei dieser Volumenvergrößerung entfalten, ist fast unglaublich. Rühre etwas Gips mit Wasser an und fülle ihn in eine Pappschachtel. Drücke etwa ein Dutzend trockener Erbsen in Form eines Kreuzes hinein und bedecke sie mit Gipsbrei.

Nach einigen Minuten ist der Gips fest. Dann legst du den

Gipsblock einen Tag in eine Schüssel mit Wasser. Die Erbsen nehmen Wasser auf und quellen. Und bald zieht sich ein langer Riss durch den Gipsblock und sprengt ihn auseinander.

Die Quellkraft der Pflanzen ist so enorm, dass sie damit Beton- und Asphaltdecken und sogar Steine sprengen können.

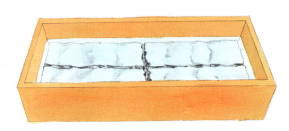

## ? Weißt du ...

... dass sich schon die alten Ägypter die Quellungskräfte von Pflanzen zu Nutze machten? Sie hatten beobachtet, dass trockenes Holz quillt, wenn man es nass macht, und dabei eine gewaltige Kraft entfaltet. Diese Kraft nutzten sie, um Steine auseinander zu sprengen. Sie bohrten zunächst Löcher hinein, trieben in die Bohrlöcher trockene Keile und gossen Wasser hinzu. Nach einiger Zeit bildeten sich Risse – die gequollenen Keile hatten den Stein gesprengt.

## 153 Was geschieht, wenn eine Bohne keimt?

3 trockene Bohnen (Küche oder Samentüte vom Gartengeschäft), Glas, Plastiktrichter, leere Milchflasche, Küchenpapier, Erde

Vielleicht hast du ja Lust, auf eurem Balkon eine kleine Bohnenplantage anzulegen? Doch dazu musst du die Körner erst keimen lassen. Mit dieser Versuchsanordnung kannst du die Keimung gut beobachten.
Lege drei Bohnen über Nacht ins Wasser. Stecke auf eine leere Milchflasche einen Trichter aus Glas oder Plastik, lege ein zu einem Papiertrichter gefaltetes Küchenpapier hinein und fülle den Trichter zur Hälfte mit Erde. Stecke die gequollenen Bohnen zwischen Papier und Trichterwand und fülle den Trichter vollständig mit Erde auf. Tränke die Erde mit Wasser und stelle das Ganze dann an eine warme und helle Stelle, zum Beispiel aufs Fensterbrett. Begieße die Erde jeden Tag und notiere, was mit den Bohnen geschieht.
Zuerst siehst du winzige Wurzeln hervorkommen. Dann bildet sich ein kleiner Bogen und entwickelt sich zum Stängel. Nach wenigen Tagen richtet sich der Stängel auf und treibt dabei die beiden Bohnenhälften mit in die Höhe. Wenn du die Pflänzchen weiter beobachten willst, solltest du sie in diesem Stadium in einen Blumentopf umpflanzen.

# 9 Experimente mit Biologie

zum Quellen und lasse sie wie im vorigen Versuch zwischen Papier und Trichterwand keimen. Achte auf die unterschiedlichen Formen der Keimlinge.

Beim Mais wird zuerst eine scharfe grüne Spitze hervorkommen, die aus zusammengefalteten Blättern besteht.

## 155 Können Wurzeln Feuchtigkeit „fühlen"?

*Pappkarton, Sägespäne, Keimlinge aus Experiment 154, Blumentopf aus Ton, Klebeband*

Fülle den Pappkarton mit Sägespänen und setze an ein Ende den mit Wasser gefüllten Blumentopf, dessen Loch du vorher gut mit Klebeband verschlossen hast. Setze die Keimlinge aus dem vorigen Versuch in die Sägespäne. Wenn du sie nach einigen Tagen wieder herausnimmst, sind die Wurzeln nicht mehr gerade, sondern in Richtung auf den Blumentopf gebogen: Die Wurzeln haben das wenige Wasser gespürt, das durch den porösen Ton gesickert ist, und sind ihm entgegengewachsen. Statt mit Sägespänen kannst du den Karton übrigens auch mit Watte oder Zeitungspapierschnitzeln füllen.

## 154 Sehen alle Samen gleich aus, wenn sie zu keimen beginnen?

*Maiskörner, Radieschensamen, Milchflasche, Küchenpapier, Trichter, Erde, Glas*

Besorge dir im Gartengeschäft einige Maiskörner und Radieschensamen. Bringe alle Samen

Außerdem bleibt das Maiskorn unten stecken und kommt nicht wie die Bohne empor. Der Radieschenkeimling ähnelt dem der Bohne, ist aber viel kleiner. Bohne und Radieschen gehören zu den so genannten „zweikeimblättrigen Pflanzen", denn der Same besteht bei ihnen aus zwei Hälften. Der Mais dagegen ist eine „einkeimblättrige Pflanze", denn bei ihm besteht der Same aus nur einem Teil.

###  Weißt du …

… dass viele Pflanzenkeimlinge zwei verschiedene Wachstumsprogramme haben? Im Dunkeln (normalerweise in der Erde) bleibt der Spross hakenförmig und durchstößt so den Boden. Blätter entwickelt er noch nicht, denn sie würden beim Durchstoßen harter Erde zu leicht beschädigt. Spürt der Keim aber auch nur für einige Minuten Licht, ändert er sofort sein Wachstumsprogramm. Nun richtet er sich auf und entfaltet die ersten Blätter.

## 156 Warum wachsen Pflanzenwurzeln immer nach unten?

2 rechteckige Glasscheiben (etwa 10 cm lang, vom Glaser), Löschpapier, Schere, Radieschensamen, Klebeband, tiefer Teller, 2 wassergefüllte Gläser

Pflanzenwurzeln wachsen normalerweise nach unten, also in den Boden hinein, wo sie Halt und Feuchtigkeit finden. Doch woher weiß eine Pflanzenwurzel eigentlich, wo „unten" ist? Spürt sie vielleicht die Schwerkraft? Probiere es aus!
Schneide das Löschpapier auf die gleiche Größe wie die Glasscheiben. Lege es auf eine der Scheiben und tränke es mit Wasser. Nun streue einige Radieschensamen auf das Papier. Lege dann vorsichtig die zweite Scheibe darauf, ohne die Samen zu zerdrücken.

Klebe beide Scheiben mit Klebeband zusammen und stelle sie aufrecht in den Teller, in dem etwa 1 cm hoch Wasser steht. Stütze die Scheiben mit den beiden wassergefüllten Gläsern ab, damit sie nicht umfallen. Die Samen werden bald keimen und Wurzeln austreiben.
Wenn es soweit ist, nimm die Scheiben aus dem Wasser heraus, trockne das Glas außen ab und klebe lange Streifen Klebeband so über die Außenkanten, dass sie den Innenraum möglichst abschließen. Das soll verhindern, dass das Papier zu schnell austrocknet. Das Wasser im Teller kannst du weggießen. Stelle jetzt die Scheiben so auf, dass die Wurzeln nach oben zeigen und beobachte, was geschieht. Nach einiger Zeit werden die Wurzeln sich herumdrehen und wieder nach unten zeigen. Ebenso drehen sich auch die Spitzen um und zeigen wieder nach oben.
Pflanzenwurzeln besitzen also ein Gespür für die Schwerkraft; sie können oben und unten unterscheiden. Die Spitzen mit den sich entwickelnden Blättern dagegen orientieren sich vorzugsweise zum Licht hin. Im Weltall, wo es keine Schwerkraft gibt, wachsen die Wurzeln orientierungslos in alle Richtungen, das haben Versuche in Raumkapseln gezeigt.

### ? Weißt du ...

... dass viele Samen zum Keimen Licht benötigen? In völliger Dunkelheit tut sich nichts. Es genügt aber sekundenlange Beleuchtung, und schon geht es los. Das ist auch ganz gut so, denn dadurch keimen immer nur diejenigen Samen, die nahe der Erdoberfläche liegen und damit gute Entwicklungschancen haben. Manche Bauern machen sich dies bei der Unkrautbekämpfung zu Nutze und pflügen nachts. Beim Pflügen im Tageslicht bekommen nämlich alle Samen, die kurz an die Oberfläche gelangen, das Keim-Startsignal. Dadurch treiben auch all jene Samen aus, die der Pflug dann wieder mit Erde überhäuft – die Unkräuter. Nach dem nächtlichen Pflügen aber keimen nur die frisch gesäten Körner an der Erdoberfläche.

## 9 Experimente mit Biologie

### 157 Wie finden Bohnen die Bohnenstange?

*Bohne, Trichter, Filterpapier, Holzstäbchen, Blumentopf, Erde, Bindfaden, Klebeband, Schuhkarton, glasklare Folie, Filzstift, Uhr*

Lasse wie im Versuch 153 eine Bohne keimen. Wenn sie das erste Blattpaar voll entwickelt hat, bindest du sie an ein kleines Holzstäbchen (es soll die Bohnenstange darstellen) und pflanzt sie in einen kleinen Blumentopf. Schneide nach der Zeichnung einen Schuhkarton an der Oberseite auf und klebe die Öffnung mit glasklarer Plastikfolie zu.

Der Rest des Kartons darf kein Licht durchlassen. Hier hinein stellst du nun den Blumentopf. Die Pflanze darf nirgends die Kartonwand berühren.
Schau nun möglichst senkrecht von oben auf die Pflanze und markiere mit dem Filzstift auf der Folie die Stelle, wo sich die Sprossspitze befindet. Das wiederholst du jede Viertelstunde und schreibst jeweils die Uhrzeit dazu. Nach zwei bis drei Stunden bilden die Punkte einen vollständigen Kreis. Die

Sprossspitze wächst nämlich in Kreisen und „sucht" die Bohnenstange – oder einen anderen Halt, an dem sie emporwachsen kann.

### 158 Welche Farbe haben die Blätter einer Pflanze, wenn sie im Dunkeln wächst?

*6 Narzissenzwiebeln (vom Gärtner), 2 große Blumentöpfe, völlig dunkler Raum*

Vielleicht hast du schon einmal Kartoffelkeimlinge gesehen, die sich im dunklen Keller entwickelt haben. Sie sind nicht grün wie normale Keimlinge, sondern schneeweiß. Aber warum? Liegt das an der Dunkelheit?

Pflanze die sechs Narzissenzwiebeln in zwei Blumentöpfe, je drei in einen Topf. Stelle beide Töpfe in den dunklen Raum und begieße sie gut. Kontrolliere sie jeden Tag.
Die Pflanzen beginnen zu wachsen, aber ihre Blätter sind nicht grün, sondern gelb. Wenn sie etwa zehn Zentimeter groß sind,

stelle den einen Blumentopf an ein Fenster, lasse den anderen aber im Dunkeln. Vergleiche die Pflanzen jeden Tag.

Die Pflanzen am Fenster färben sich langsam grün, die anderen bleiben gelb. Stelle zur Gegenprobe nun auch den zweiten Topf ans Fenster und beobachte, wie dort die Blätter im Laufe einiger Tage ebenfalls grün werden.

Blätter werden nur dann grün, wenn sie genug Licht haben. Sie gieren förmlich nach Licht, und sei es Kunstlicht.

## 159 Wie kann man zeigen, dass Pflanzen auf das Licht zuwachsen?

*Plastikschälchen, Erde, Kressesamen, Schuhkarton, Nadel, eventuell durchsichtige Farbfolien*

Fülle etwas feuchte Erde in eine kleine Plastikschale und säe Kressesamen. Stelle die Schale in einen Schuhkarton, dessen Öffnungen du gut verschlossen hast – bis auf ein winziges Loch, das du auf der einen Seite mit einer Nadel hineingestochen hast. Es muss die einzige Stelle sein, durch die Licht eindringen kann. Kontrolliere die Pflanzen jeden Tag, gib ihnen auch Wasser, aber nur bei völliger Dunkelheit.

Nach einigen Tagen siehst du, wie all die bleichen Keimlinge auf das kleine Loch zuwachsen. Sie spüren selbst das bisschen Licht, das durch die winzige Öffnung hereinkommt.

Probiere aus, ob die Pflanzen auch farbempfindlich sind: Wiederhole den Versuch unter sonst gleichen Lichtbedingungen

 **Weißt du ...**

*... dass manche Algen im Meer mit erstaunlich wenig Licht auskommen? Das Meerwasser lässt Licht zwar durch, schwächt es aber stark ab: In 140 Metern Tiefe zum Beispiel kommt nur noch ein Hundertstel der Lichtmenge an, die oben ins Wasser einfällt. Dennoch haben Taucher Rotalgen noch in Tiefen von fast 290 Metern entdeckt: Hier hat die Sonne nur noch ein Zweihunderttausendstel ihrer Kraft.*

# 9 Experimente mit Biologie 113

mit roter, grüner, gelber und blauer Farbfolie vor dem Loch. Das Ergebnis wird von den verwendeten Farbfolien abhängen. Generell sind Pflanzenkeimlinge aber nur für blaues und blauviolettes Licht empfindlich. Andere Lichtfarben (von grün über gelb bis rot) nehmen sie nicht wahr.

## 160 Folgen Blüten dem Sonnenlauf?

Feld mit Sonnen-
blumen,
Scharbockskraut
(blüht von März bis
Mai etwa an Weg-
rändern, Gebüschen,
Wiesen und feuchten
Laubwäldern)

Dies ist eigentlich mehr eine Beobachtungsanleitung.

Setze dich an einem schönen, sonnigen Tag neben ein Feld blühender Sonnenblumen und verfolge die Richtung der Blütenöffnungen. Ändert sie sich im Laufe des Tages? Und wo steht dabei jeweils die Sonne?

Den gleichen Versuch kannst du zum Beispiel mit der gelben Blüte des Scharbockskrauts ausführen. Wie eine kleine Funkantenne richtet sie sich ständig nach der Sonne aus.

Viele Pflanzen möchten ihre Blüten möglichst hell leuchtend präsentieren, damit die bestäubenden Insekten sie auf jeden Fall finden. Also drehen sie sie so weit wie möglich in Richtung Sonne.

## 161 Wie steigt Wasser in die Blätter einer Pflanze?

2 standfeste Gläser
(etwa 10 - 12 cm hoch),
rote und blaue
Lebensmittel- oder
Eierfarbe, Selleriestange
(etwa 25 cm lang),
Messer, Margerite

Wasser, das weißt du, ist lebenswichtig für Pflanzen. Vergisst du bei warmem Wetter auch nur einen Tag, deine Topfpflanzen zu gießen, lassen sie schon schlapp die Blätter hängen. Doch wie kommt das Wasser eigentlich von den Wurzeln in die restlichen Pflanzenteile? Ein Trick macht die „Wasserleitungen" sichtbar.

Fülle die Gläser mit Wasser. Färbe das Wasser in einem Glas mit blauer, im anderen mit roter Farbe. Stelle die Gläser dicht nebeneinander.

Schneide die Selleriestange in Längsrichtung etwa bis zur Mitte auf. Stelle die eine Hälfte in das rote, die andere ins blaue Wasser. Sieh einige Stunden später nach, was geschehen ist.

Die rote Farbe ist in der einen Hälfte hochgestiegen, die blaue in der anderen. Wenn du den Stängel aus dem Wasser nimmst und quer durch-

schneidest, zeigen dir die roten und blauen Farbflecken die „Wasserleitungen" im Stängel an. Wenn du geschickt bist, kannst du das Experiment mit einer weißen Margerite wiederholen und so eine zweifarbige Blüte erzeugen.

## 162 Wie sorgen die grünen Pflanzen dafür, dass wir auf der Erde leben können?

großes Einmachglas, Wasserpest (eine Wasserpflanze, gibt es in Aquariengeschäften), Glastrichter (notfalls Trichter aus hellem Kunststoff), Reagenzglas, Holzspan, Streichhölzer

Vielleicht hast du dich bisher mehr für Tiere interessiert als für Pflanzen. Sicher, Tiere bewegen sich und sind auf den ersten Blick viel spannender als Pflanzen, die ja scheinbar nur dastehen. Aber wusstest du, dass wir alle – Tiere und Menschen – ohne Pflanzen gar nicht existieren könnten? Dieses Experiment zeigt dir, warum.

 **Weißt du …**

… dass durch eine einzige große Buche, die etwa 250 000 Blätter trägt, an einem sonnigen Sommertag fast 30 Millionen Liter Luft strömen? Denn Kohlendioxid ist in der Luft nur in winziger Konzentration enthalten: 3000 Liter Luft enthalten gerade einen Liter davon. Daher können die Buchenblätter aus dieser riesigen Luftmenge nur knapp 10 000 Liter Kohlendioxid herausfiltern. Sie erzeugen daraus 12 Kilogramm Traubenzucker.

Fülle das Einmachglas mit frischem Wasser, lege einige Triebe Wasserpest hinein und stülpe den Trichter darüber. Fülle das Reagenzglas vollständig mit Wasser, drehe es um und stecke es über den Trichterhals, ohne dass das Wasser ausläuft. Stelle das Glas in die helle Sonne.
Sofort bilden sich an den Blättern kleine silbrige Gasbläschen und steigen empor. Der Trichter fängt sie auf und sie sammeln sich im Röhrchen. Nach einigen Tagen haben sie das Wasser verdrängt. Hebe das Röhrchen nun vorsichtig hoch.
Zünde den Holzspan an und blase die Flamme wieder aus, so dass er nur glimmt. Tauche ihn nun ins Reagenzglas hinein: Er flammt hell auf. Das ist ein Nachweis für Sauerstoffgas.
Pflanzen bilden mit Hilfe ihres Blattgrüns aus Sonnenlicht und Kohlendioxid (das aus der Luft stammt und sich zum Teil in Wasser löst) Zucker, Stärke, Fette, Eiweiß und andere wichtige Stoffe. Sie scheiden dabei Sauerstoff aus.
Im Laufe der Jahrmillionen hat sich dieser Sauerstoff in der Lufthülle auf 21 Prozent addiert. Nur dank dieser Tätigkeit der grünen Pflanzen, der „Photosynthese", haben wir Luft zum Atmen.
(„Photosynthese" kommt übrigens aus dem Griechischen und bedeutet „Stoffherstellung mit Hilfe von Licht".)
Außerdem sorgen die Pflanzen auch dafür, dass wir genug zu essen haben: Die Stoffe, die sie

mit Hilfe von Sonnenenergie erzeugen, sind die Nahrung von Menschen und Tieren.
Wenn wir diese Stoffe verdauen, nutzen wir die darin gespeicherte Sonnenenergie für uns aus. Bei diesem Abbau verbrauchen wir andererseits Sauerstoff und erzeugen dabei Kohlendioxid, das wiederum die Pflanzen benötigen – so schließt sich der Kreislauf des Lebens.

## 163 Wie kann das Grundwasser unten in der Erde den Pflanzen nützen?

*3 Reagenzgläser, feiner Sand, grober Sand, Gartenerde, Watte, tiefer Teller*

Hast du schon einmal zugesehen, wie jemand ein tiefes Loch in den Boden grub? Wenn man nicht gerade neben einem Fluss oder See wohnt, muss man mehrere Meter tief graben, bis man auf Grundwasser stößt. Wie können dann kleine Pflanzen nahe der Erdoberfläche diesen Wasservorrat tief unter ihnen nutzen?
Fülle je ein Reagenzglas fast vollständig mit feinem Sand, grobem Sand und Gartenerde. Stopfe einen Wattebausch hinterher, damit die Erde nicht herausfällt. Stelle die Gläser umgekehrt in einen mit Wasser gefüllten Teller, so dass das Wasser die Erde berührt, und beobachte, was geschieht: Das Wasser steigt langsam in die Höhe, umso weiter, je feinkörniger das Material ist.
Wasser hat das Bestreben, in feinen Spalten emporzusteigen. Diese „Kapillarwirkung" kennst du schon aus den Experimenten mit Löschpapier und aus Experiment 161. Das Wasser steigt daher auch zwischen den Sandkörnchen empor, sogar gegen die Schwerkraft. Auf diese Weise erreicht Grundwasser die Pflanzenwurzeln.
Übrigens sind nicht alle Kräuter aufs Grundwasser angewiesen. Wenn es regelmäßig regnet, speichert guter Boden auch in höheren Schichten genügend Wasservorräte. Wenn allerdings wochenlang kein Tropfen fällt, wird es für sie kritisch. Manche Pflanzen – etwa Gräser – verdorren dann tatsächlich.

## 164 Warum platzen die Kirschen bei Regen?

*2 Gläser, warmes Wasser, Zucker, reife Kirschen*

Im vorigen Experiment hast du gesehen, dass Wasser auch feinste Spalten nutzt, um in ihnen emporzusteigen. Für die Pflanzen ist das ein großer Vorteil. Doch wie kommt das Wasser denn nun in die Wurzeln? Grund dafür ist ein Vorgang, der in der Biologie an vielen Stellen eine wichtige Rolle spielt.
Fülle ein Glas mit warmem Wasser und löse einige Esslöffel voll Zucker darin auf. Lasse es abkühlen und lege dann eine reife Kirsche hinein. Eine zweite legst du in ein Glas reinen Wassers.
Nach einigen Stunden ist die Kirsche im Zuckerwasser zusammengeschrumpft und faltig, die im reinen Wasser ist zunächst besonders prall und platzt schließlich.
Zuckerwasser hat (wie auch jede andere Lösung von Stoffen in Wasser) das Bestreben, sich zu verdünnen. Daher zieht die Zuckerlösung aus der Kirsche das Wasser; es tritt durch mikroskopisch kleine Poren in der Haut aus. Damit aber fehlt es in der Kirsche: Sie wird schrumplig wie ein zusammengeschrumpfter Luftballon.
Und was geschieht im zweiten Glas? Wie du weißt, schmecken Kirschen süß. Der Kirschsaft besteht aus Wasser, in dem

> **Weißt du ...**
>
> *... dass Pflanzen ihre Wurzeln erstaunlich weit in den Boden senden, um sich Wasser zu holen? Bei unserem heimischen Löwenzahn reicht die Wurzel immerhin 30 Zentimeter tief, weshalb er auch kaum vollständig auszureißen ist. Disteln und Ginster wurzeln gut einen Meter tief. Getreidewurzeln reichen bis in über zwei Meter Tiefe. Bemerkenswert ist die Leistung des Weinstocks, der sich sein Wasser aus bis zu 16 Metern Tiefe holt. Und einige Wüstenpflanzen zapfen sogar 20 Meter tiefe Wasservorräte an.*

Farbstoffe, säuerlich schmeckende Stoffe, Aromastoffe und Traubenzucker gelöst sind. Diese schwache Zuckerlösung innerhalb der Kirsche möchte sich ebenfalls verdünnen, und dazu kommt ihr das Wasser im Glas gerade recht. Nun lässt allerdings die Kirschhaut zwar die kleinen Wassermoleküle durch, aber nicht die vergleichsweise großen Zuckermoleküle. Also sammelt sich immer mehr Wasser in der Kirsche an; der Druck steigt so lange, bis die Haut platzt.

Dasselbe geschieht, wenn länger anhaltender Regen die Kirschen am Baum immer wieder benetzt: Dann platzen sie.

Dieser Vorgang, bei dem zwei verschieden hohe Stoff-Konzentrationen sich durch eine halbdurchlässige „Membran" (hier die Kirschhaut) auszugleichen versuchen, heißt „Osmose", und der dabei entstehende Druck wird „osmotischer Druck" genannt.

## Weißt du ...

... dass Osmose für die Quellkraft der Pflanzen verantwortlich ist? Der osmotische Druck kann, wenn die Zellwände stabil sind, sehr hohe Werte erreichen. Das nutzen zum Beispiel keimende Pflanzen, um den Erdboden zu durchstoßen. Manche können dabei sogar Steine wegschieben oder die Asphaltdecke einer Straße durchbrechen. Osmose spielt übrigens auch im menschlichen Körper eine wichtige Rolle.

## 165 Unter welchen Bedingungen wächst Schimmel?

*4 tiefe Teller, einige Scheiben Weißbrot, Plastikfolie (selbsthaftende Küchenfolie), Lupe*

Es ist schon ärgerlich: Wenn du das Tütenbrot aus dem Supermarkt nicht gleich auspackst, kannst du schon nach wenigen Tagen grünlich-weiße Flecken darauf entdecken: Schimmel. Wie kommt das?

Lege in jeden der Teller eine halbe Scheibe Weißbrot und träufele etwas Wasser darauf. Decke zwei der Teller mit Plastikfolie zu, die anderen beiden bleiben offen. Stelle zwei Teller, einen mit und einen ohne Folie, an einen warmen und dunklen Platz. Stelle die anderen beiden Teller an einen kalten Platz. Kontrolliere jeden Tag die Brotscheiben auf Schimmel. Wahrscheinlich wächst der Schimmel zuerst auf dem Brot, das warm und dunkel stand und zugedeckt war, denn Schimmel liebt es warm und feucht. Licht braucht er nicht, denn er lebt von der chemischen Zersetzung des Brotes. Betrachte dir den Schimmel unter der Lupe. Du siehst kleine pinselartige Gebilde, die vielleicht schwarze Pünktchen tragen.

Schimmel gehört zu den Pilzen. Diese Lebewesen bestehen aus feinsten Fäden, mit denen sie ihre Nahrung durchwuchern – in diesem Fall das Brot, sonst aber auch Erde, feuchtes Holz, Früchte, Aas und vieles andere. Die Pilzfäden bauen die befallenen Stoffe chemisch ab und gewinnen so ihre Nährstoffe. Bisweilen treiben sie besondere Gebilde, so genannte „Sporenbildner",

# 9 Experimente mit Biologie

heraus. Diese produzieren feinste Körnchen, die Sporen, aus denen sich neue Pilze entwickeln.

Der Pilzrasen auf deinem Brot besteht aus solchen „Sporenbildnern". Aber auch die Hutpilze (etwa Steinpilz, Pfifferling und Champignon) sind nichts anderes als die Sporenbildner von Pilzen, die als unterirdisches Fadengeflecht unsichtbar im Waldboden leben.

## 166 Was brauchen Hefepilze zum Leben?

*Trockenhefe (vom Bäcker), 2 Tassen, Zucker*

Wir Menschen verdanken Pilzen eine ganze Menge: Brot, Wein, Bier, Essig und Käse stellen sie für uns her. Hefe, die es beim Bäcker und im Supermarkt gibt, besteht aus solchen (lebenden) nützlichen Pilzen.

Gib in jede Tasse einen Teelöffel des braunen Hefepulvers. Fülle sie dann mit lauwarmem Wasser halb voll. In eine Tasse schüttest du zudem einen Teelöffel Zucker und rührst um, so dass er sich auflöst. Beobachte etwa eine Stunde lang, was geschieht.

Die Hefe-Wasser-Mischung ohne Zucker bleibt unverändert. Aber in der anderen Tasse findet eine heftige Reaktion statt: Gasblasen steigen auf und Schaum steht an der Oberfläche.

Diese Reaktion rührt offenbar von der Hefe her, denn normales Zuckerwasser zeigt solche Veränderungen nicht.

Hefe besteht aus winzig kleinen Pilzen, die sich von Zucker ernähren. Sie bauen ihn chemisch ab und nutzen die darin steckende Energie. Dabei scheiden sie Alkohol und gasförmiges Kohlendioxid aus, das den Schaum und die Gasblasen verursacht. Vielleicht kennst du diesen Vorgang schon – man nennt ihn auch „alkoholische Gärung".

Diese Fähigkeit der kleinen Hefepilze, aus zuckerhaltigen Säften alkoholische Getränke herzustellen, wird schon seit Jahrtausenden genutzt. So wird zum Beispiel aus zuckerhaltigem Traubensaft Wein, aus Gerstensaft Bier, und unsere germanischen Vorfahren stellten aus gewürztem Honigwasser Met (Honigwein) her.

## ? Weißt du …

… dass Botaniker die Pilze nicht zum Pflanzenreich rechnen? Denn Pilze besitzen kein Blattgrün und zeigen auch sonst viele Unterschiede zu den grünen Pflanzen. Deshalb hat man für sie neben Pflanzen, Tieren, Kleinlebewesen und Bakterien ein eigenes „Reich" geschaffen. Im Kreislauf der Natur sind Pilze sehr wichtig: Sie bauen Abfallstoffe ab und machen deren Inhaltsstoffe für die grünen Pflanzen nutzbar. Einige Arten erzeugen Stoffe, die Bakterien töten und daher als Medikamente einsetzbar sind. Die bekannteste dieser Arzneien, die aus Schimmelpilzen gewonnen werden, ist Penicillin. Manche Pilze aber können auch Gifte und Krebs erregende Substanzen produzieren. Man sollte daher niemals schimmelige Nahrungsmittel essen.

# Experimente mit deinen fünf Sinnen

Der menschliche Körper gilt als das komplizierteste Wunderwerk auf der Erde. Grund genug, sich auch forschend mit seinen Reaktionen zu beschäftigen – natürlich in ganz harmlosen Experimenten. Dabei soll uns hier das Körperinnere, etwa Verdauung und Atmung, weniger interessieren als unsere Sinnesorgane. Gerade sie als unsere „Kundschafter in die Außenwelt" sind besonders gut für Selbstversuche geeignet.

## 167 Wie kann man den „blinden Fleck" im Auge nachweisen?

Die wichtigsten Sinnesorgane sind unsere Augen. Sie liefern uns ein ziemlich zuverlässiges Bild der Außenwelt. Du wirst kaum glauben, dass es in jedem Auge eine blinde Stelle gibt, weil doch scheinbar keine Lücke im Sichtfeld ist. Aber probiere den folgenden Versuch!
Unten auf der linken Buchseite siehst du eine Katze und eine Maus. Halte dir jetzt das Buch vors Gesicht. Die Katze muss sich genau vor deinem rechten Auge befinden. Halte dir das linke Auge zu und schaue fest auf die Katze. Jetzt entferne das Buch langsam von dir, ohne den Blick zu verändern. Bei einem bestimmten Abstand scheint die Maus ganz plötzlich zu verschwinden (aber nur, solange du genau auf die Katze schaust). Jetzt fällt das Bild der Maus nämlich genau auf den „blinden Fleck".

Was bedeutet das? Auf der Netzhaut hinten im Auge sitzen die Sehzellen, die das von der Augenlinse projizierte Bild der Umgebung aufnehmen und ans Gehirn melden. An einer Stelle der Netzhaut aber sitzen keine Sehzellen, weil dort der Sehnerv hindurchläuft (siehe Zeichnung im Weißt-du-Kasten auf Seite 55). Normalerweise fällt dir das nicht auf, weil das Gehirn die leere Stelle automatisch mit anderen Bildinformationen füllt. Deshalb kannst du bei diesem Experiment auch ständig zumindest Papierweiß sehen – nur eben nicht die Maus, weil das Gehirn diese Information nicht bekommt, solange das Bild der Maus genau auf den „blinden Fleck" fällt.

## 168 Wie funktioniert das „Magische Auge"?

Seit 1983 kann man mit Hilfe von Computerprogrammen Bilder herstellen, die ohne zusätzliche Hilfsmittel dreidimensional (räumlich) wirken. Grund dafür: Die Bilder bestehen aus sich regelmäßig wiederholenden Mustern. Aber die Abstände gleicher Muster sind nicht exakt, sondern variieren geringfügig – und in dieser Veränderung ist das 3-D-Bild versteckt. Denn unsere Augen erkennen die Entfernung eines Gegenstandes daran, wie sehr sich die Bilder von ihm unterscheiden, die das rechte bzw. das linke Auge aufnimmt. Wenn also die Abstände der Musterteile etwas geringer sind als normal, interpretiert das Gehirn dies als „weiter weg".

Auf der rechten Seite siehst du ein solches „magisches Bild". In ihm sind springende Delfine verborgen, die du auf den ersten Blick nicht erkennen kannst. So entdeckst du sie: Halte das Bild an deine Nasenspitze und bewege es dann langsam von dir weg, bis du eine normale Leseentfernung erreicht hast.

10  Experimente mit deinen fünf Sinnen   119

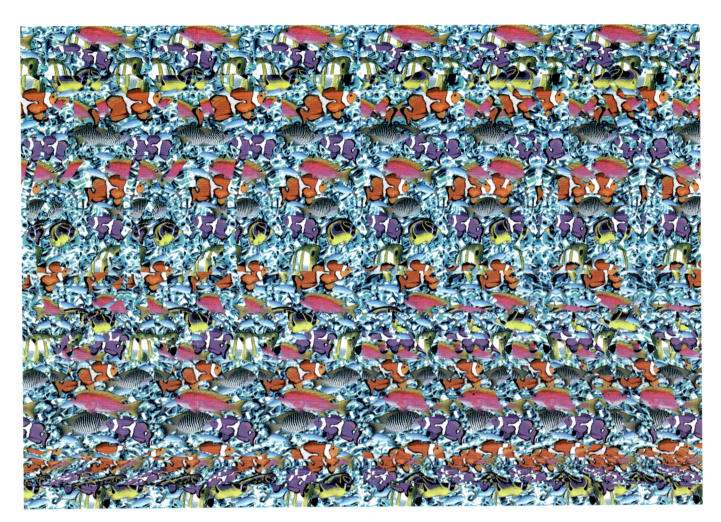

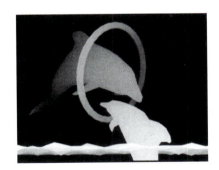

### 169 Wie kann man seine Augen auf Farbenblindheit prüfen?

Schaue auf das runde Bild rechts. Was erkennst du? Zwischen den grünen Punkten ist eine rote Acht verborgen. Manche Menschen allerdings haben Probleme, die Acht zu erkennen, weil sie die Farben Rot und Grün nicht unterscheiden können. Man nennt das „Farbenblindheit". Woran liegt das? Erinnere dich an unsere Farbexperimente (Seite 59). Dort

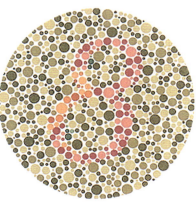

*Dieses Bild ist kein Original-Sehtest und darf nicht als solcher verwendet werden.*

hast du gelernt, dass es im Auge drei verschiedene Arten von Farb-Sehzellen („Zäpfchen") gibt, für jede Grundfarbe eine: für Rot, für Grün und für Blau. Bei Rot-

Schaue dabei durch das Bild hindurch – so lange, bis du die Delfine sehen kannst. Aber gib Acht, dass sich deine Augen dabei nicht überanstrengen. Wenn es nicht gleich klappt, probiere es lieber noch ein zweites Mal.

Farbenblinden funktionieren die Rot-empfindlichen Sehzellen nicht. Diese Menschen erkennen zum Beispiel rote Lichter schlecht, etwa die Bremslichter eines Autos. Seltener sind Menschen, bei denen die Grün-Zäpfchen nicht arbeiten. Sie können zum Beispiel rote und grüne Äpfel nicht gut unterscheiden. Ganz selten sind Blau-Blinde und Menschen, die überhaupt keine Farben wahrnehmen.

## 170 Wie stellt man fest, ob man gut sehen kann?

Sehr viel häufiger als Farbenblindheit sind leichte Verformungen des Auges. Sie bewirken, dass man kein scharfes Bild sieht – also kurz- oder weitsichtig ist. Beim Optiker oder beim Augenarzt kannst du deine Augenschärfe überprüfen lassen. Man verwendet dazu Sehtafeln mit Buchstaben oder Zahlen in verschiedenen Größen. Oben auf der Seite findest du eine solche kleine Sehtafel. Probiere mit deinen Freunden doch einmal aus, auf welche Entfernung ihr die Buchstaben noch erkennen könnt.

**V H R E Z**
**D S K E R O V**
N C H D S V K
O Z R S E D H
V C K S N E
O H Z D R

## 171 Wie genau kann man Schallquellen orten?

*ein Stück Schlauch (etwa 140 cm lang, etwa 10 mm Durchmesser), Meterstab, Filzstift, ein Helfer*

Stelle in eine entfernte Ecke des Zimmers ein leise spielendes Radio. Du kannst sicher auch mit geschlossenen Augen genau sagen, aus welcher Richtung du es hörst. Doch wie genau funktioniert dieses „Richtungshören"? Miss bei dem Schlauchstück genau die halbe Länge ab und markiere die Stelle mit dem Filzstift. Halte dir nun beide Schlauchenden an die Ohren und führe den Schlauch hinten über deinen Rücken. Freund oder Freundin sollen jetzt mit dem Filzstift genau auf diese Markierung klopfen. Hörst du den Schall mit beiden Ohren gleich laut?

 **Weißt du …**

*… dass die durchsichtige Hornhaut in deinem Auge immer feucht und sauber gehalten werden muss, damit sie ganz klar bleibt? Das besorgen die Augenlider. Alle paar Sekunden schließen sie sich blitzschnell und feuchten das Auge mit Tränenflüssigkeit an. Wenn ein Fremdkörper, zum Beispiel ein Sand- oder Staubkörnchen, ins Auge geraten ist, fließen die Tränen stärker und spülen ihn weg.*

# 10 Experimente mit deinen fünf Sinnen

Im nächsten Schritt lasse deinen Helfer jeweils 10 cm rechts bzw. links von der Markierung klopfen. Jetzt scheint der Schall von der Seite zu kommen. Wie nahe an der Mittel-Markierung kann er klopfen, damit du den Schall noch als von einer Seite kommend hörst?

Unsere Ohren sind ziemlich genau beim Orten einer Schallquelle. Das ist eine erstaunliche Leistung des Gehirns: Es misst dazu nämlich den winzigen Zeitunterschied (Bruchteile einer Sekunde), der zwischen dem Eintreffen des gleichen Schallsignals am linken und am rechten Ohr besteht, und rechnet ihn in eine Richtung um. In früheren Jahrtausenden war dieses genaue Hören lebenswichtig, um zum Beispiel ein heranschleichendes wildes Tier zu orten. Heute brauchst du es vor allem im Straßenverkehr.

## 172 Wie schnell kannst du reagieren?

*Lineal (etwa 30 cm lang), Bleistift, Papier, Klebstoff, ein Helfer*

Bist du manchmal etwas „schwer von Begriff"? Oder reagierst du sehr schnell, etwa beim Sport? In diesem Versuch kannst du deine Reaktionsgeschwindigkeit testen. Dein Helfer soll das Lineal am oberen Ende festhalten. Du schließt Daumen und Zeigefinger um das untere Ende, aber ohne es tatsächlich zu berühren. Dann soll dein Helfer das Lineal unvermittelt loslassen, und du versuchst, es so rasch wie möglich festzuhalten. Wie viel vom Lineal ist dir zwischen den Fingern hindurchgeflutscht? Je größer die durchgerutschte Lineallänge ist, desto länger ist deine „Reaktionszeit".

Wenn du ans Lineal einen Papierstreifen klebst und ihn mit passenden Bemerkungen versiehst („Lahme Ente", „Blitzmerker" oder Ähnliches), kannst du daraus ein lustiges Reaktionsspiel machen und prüfen, welcher deiner Freunde die „längste Leitung" hat.

Im Straßenverkehr ist eine kurze Reaktionszeit sehr wichtig, besonders bei hohen Geschwindigkeiten. Jeder Mensch hat erst noch eine „Schrecksekunde", bis er sich einer Gefahr überhaupt bewusst wird. Dann erst tritt er auf die Bremse.

### Weißt du ...

... dass Lärm hoher Lautstärken sehr gefährlich für das Gehör ist? Nach kurzer Zeit werden die feinen Hörzellen in den Ohren geschädigt und man kann fürs ganze Leben schwerhörig werden. Gefährlich ist zum Beispiel die laute Musik aus dem Walkman und in Diskotheken. Starker, andauernder Lärm, etwa von Flugzeugen oder Hauptverkehrsstraßen, kann sogar krank machen.

## 173 Wie viel geht noch ins Glas hinein?

> 2 kelchförmige Gläser (diese Form ist wichtig)

Dieses Experiment gehört wieder in den Bereich „optische Täuschungen". Du kannst damit vielleicht bei der nächsten Feier die Gäste unterhalten oder es zu einer kleinen Wette ausbauen.
Fülle eines der Gläser randvoll mit Wasser und gieße dann die Hälfte davon ins zweite Glas. Nun werden beide Gläser immer noch ziemlich voll erscheinen und du kannst mit deinen Freunden wetten, ob der Inhalt des einen Glases ins andere passt.
Grund dafür ist eine Täuschung der Augen: Wir sehen nur den kleinen Höhenunterschied zwischen fast voll und ganz voll und können daraus nicht gut abschätzen, wie viel Flüssigkeit dank der weiten Glasöffnung darin tatsächlich noch Platz hat.

## 174 Wie wichtig ist die Nase beim Essen?

> Kartoffel, Apfel, Sellerieknolle, Zwiebel, Messer, tiefer Teller, dunkles Tuch, ein Helfer

Schneide den Apfel, die Kartoffel und die Sellerieknolle in kleine Würfel, schichte sie zu drei kleinen Häufchen und decke den Teller darüber. (Vorsicht, dass du dich dabei nicht schneidest!) Lass dir von deinem Freund oder deiner Freundin die Augen verbinden und halte dir auch die Nase zu. Jetzt lass dir nacheinander einige der Würfel geben und prüfe, ob du am Geschmack die Frucht erkennen kannst. Es wird dir kaum gelingen, obwohl diese drei Speisen eigentlich doch sehr

unterschiedlich schmecken. Aber diese Unterschiede stellt normalerweise vor allem die Nase fest. Die meisten Nahrungsmittel-Duftstoffe nehmen wir nämlich mit der Nase auf, keineswegs mit der

### ❓ Weißt du …

*… dass deine Zunge nicht überall das Gleiche schmeckt? Die Geschmacksknospen sind nämlich unterschiedlich auf ihr verteilt. Diejenigen für Süßes liegen auf der Zungenspitze. Am Zungenrand rechts und links ist die „salzige" Region. Dahinter sitzt der für sauer empfindliche Bereich. Und den bitteren Geschmack spürst du im hinteren Teil der Zunge.*

# 10  Experimente mit deinen fünf Sinnen   123

Zunge. Deswegen schmeckt dir das Essen auch nicht besonders gut, wenn du starken Schnupfen und eine zugeschwollene Nase hast.

## 175 Wie kann man sein eigenes Herz hören?

*2 Plastiktrichter (etwa 10 cm Durchmesser), ein Stück Schlauch (etwa 1 m lang und so breit, dass er auf die Trichterhälse passt)*

Stecke die beiden Trichter in die Schlauchenden. Drücke einen Trichter über deine Ohrmuschel, den anderen gegen die linke Brustseite. Probiere verschiedene Stellen aus, bis du das rhythmische Pochen am besten hörst. Dieses „bumm-bumm" ist dein Herzschlag.

Das Herz ist ein kräftiger Muskel, der wie eine Pumpe arbeitet und mit den Blutadern verbunden ist. Er zieht sich unermüdlich zusammen und entspannt sich wieder. Bei jedem Entspannen läuft von einer Seite Blut hinein, beim Zusammenziehen wird es in andere Adern wieder hinausgepresst. Ventilklappen in den Adern verhindern, dass das Blut in die falsche Richtung fließt. Auf diese Weise kreist das Blut unaufhörlich durch unseren Körper, bringt Sauerstoff und Nährstoffe zu allen Organen und schwemmt Abfallstoffe davon.

### ❓ Weißt du …

… dass dein Herz eine Hochleistungsmaschine ist? Über 100 000 Mal pro Tag schlägt es – und das dein Leben lang! Jeder Herzschlag treibt etwa eine Tasse voll Blut in deine Adern. Zusammengerechnet sind das pro Tag gut 16 000 Liter. In Wirklichkeit hast du nur circa fünf Liter Blut im Körper (also etwa einen halben Wassereimer voll). Es kreist, angetrieben vom Herzen, ständig durch deinen Körper.

# Stichwortverzeichnis

## A

Additive Farbmischung 58, 59
Adhäsion 19
Ägypter 64, 108
Akkumulator 86
Algen 112
Alkalien 94
Alkohol 28, 117
Aluminiumfolie 53
Anthocyane 95
Archimedes 22, 23
Astronauten 40
Astronomen 57
Atome 79, 80 88
Auftrieb 22, 23
Auge 55, 59, 118-120
Augenlider 120

## B

Backpulver 94 (siehe auch Natron)
Bakterium 117
Ballon (siehe Heißluftballon)
Barometer 8, 33
Base 94, 96, 102
Batterie 86, 88
Bernoullisches Gesetz 11-13
Bernstein 88, 89
Bier 117
Blattgrün 104, 105, 114, 117
Blei 28
Blinder Fleck 118
Blitz 43
Bohnen 106-109, 111
Bohnenstange 111
Bor 99
Borax 99

Brausepulver 97
Brechstange 65
Brennglas 52
Brennpunkt 54
Brennspiritus 99, 104, 105
Brennweite
Brot 116, 117
Buche 114
Buntpapier 47
Büroklammern 16
Butter 19

## C

Calcium 96, 99
Calciumcarbonat 96
Camera obscura 55
Celsius-Skala 28
Chemie 90-105
Chemische Verbindung 102
Cheops-Pyramide 64
Chlor 101

## D

Dampflokomotive 35
Delfine 42
Delta 24
Dia 56
Diamant 50
Diaprojektor 56
Dichteanomalie 29
Dieselmotor 15
Disteln 115
Donner 43
Düsenflugzeug 13
Dynamo (siehe Fahrraddynamo)

## E

Eier 23, 24, 98
Eis 26, 28, 29, 39
Eisberg 29
Eisen 28, 72, 73, 75, 76, 83, 92
Eisenfeilspäne 74, 93
Eisengaze 91
Eiskristalle 32
Eiweiß 114
Elektrizität 72, 81, 85, 88, 89
Elektrizitätswerk 87
Elektromagnet 83-85, 87
Elektronen 79, 80, 88, 89
Ente 17, 18
Erde 38
Erdkern 75
Erdmagnetfeld 85
Essig 94, 98-100, 117

## F

Fahrenheit-Skala 28
Fahrraddynamo 88
Fahrradreifen 7
Farbdruck 60
Farben 58-61
Farbenblindheit 119
Farbfernseher 58, 59
Farbige Flammen 99
Farbstoffe 104, 105
Fata Morgana 62
Feldlinien 74
Fernrohr 56, 57
Feuerwerk 99
Flaschenzug 70
Fliehkraft 25
Fließgeschwindigkeit 24
Flugzeug 12

# ABC Stichwortverzeichnis  125

Flüsse 24, 32
Flüssigkeit 6
Föhn 12
Freileitungen 27

## G

Gas 6, 91, 101
Gebirge 98
Geheimtinte 98, 99
Gehirn 55, 118, 120
Gehörschäden 121
Geige 44
Generator 87, 88
Geschirrspülmittel 18
Getreide 115
Gewitter 43
Ginster 115
Gips 107
Gitarre 44
Glas 50, 80
Gleitreibung 64
Glühbirne 80, 81
Gold 23, 28
Grafit 79
Grundfarben 59, 60, 119
Grundwasser 115

## H

Harfe 44
Hebel 64, 65, 67, 69
Hefe 117
Heiße Quellen 27
Heißluftballon 15
Herbst 104
Herdplatte 35
Herz 123
Himmelsblau 61
Hohlspiegel 53
Holz 36, 80
Hörrohr 42
Hubschrauber 12
Hufeisenmagnet 74

Hunde 31
Hundsgrotte 96
Hünengrab 67

## I

Indikator 94, 99, 100
Infrarotlicht 37
Isolator 80

## J

Jod 100
Jodtinktur 100

## K

Kaleidoskop 50
Kalium 99
Kalk 18, 96-99
Kalkwasser 96, 97
Kälte 26, 32, 39
Kamera 54, 55
Kandis 21, 105
Kapillarkraft 115
Karamelbonbons 105
Kartoffel 100
Käse 117
Katalysator 103
Keimblätter 106
Keimling 106, 109, 111, 112
Keimung 106-108
Kerze 19, 22, 90-92
Kerzenflamme 91
Kerzenwachs 91, 92
Kesselstein 98
Ketchup 67
Kirschen 115, 116
Klavier 44
Klebstoffe 19
Kleidung 38, 39

Kochsalz 99, 101 (siehe auch Salz)
Kohlendioxid 6, 63, 92, 93, 95-98, 114, 115, 117
Kohlenstoff 28, 79, 92
Kolumbus 77
Kompass 75, 77, 81, 82
Komplementärfarben 58-60
Kondensation 32, 34
Körpertemperatur 28
Kraftlinien 74, 75
Kraftwerk 87
Krake 13
Kresse 112
Kristalle 21
Kugellager 64
Kupfer 23

## L

Lackmus 94
Ladungen, elektrische 88
Lärm 121
Lastwagen 7
Laubfärbung 104
Leuchtstoffröhre 81
Licht 43, 46-63
Lichtbrechung 50
Lichtstrahlen 46, 53, 54
Linse 52-57
Litfaßsäule 11
Löschpapier 18, 103, 104
Löwenzahn 115
Luft 6-15, 39, 93
Luftballon 15
Luftdruck 8-13, 93
Luftfeuchtigkeit 32
Luftpumpe 15
Luftspiegelung 62
Lupe 52, 55-57

## M

Magellan 77
Magisches Auge 118
Magnesia 73
Magnet 72-77, 81-89
Magnetberg 75
Magnetfeld 75, 86, 88
Magnetismus 72-77, 82-89
Magnetit 73
Magnetpole 72, 74, 75, 84
Mais 109
Mammutbaum 107
Margerite 113
Mechanik 64-71
Medikamente 117
Meer 29, 32, 37, 38
Meerwasser 42, 53, 112
Megaphon 42
Melanin 57
Membran 116
Met 117
Metall 36, 37, 43, 80, 88, 102
Milchglas 46
Mineralöl 67
Mineralwasser 97
Minuspol 77, 100
Moleküle 6, 16, 19-21, 61, 64, 66, 78, 80
Mond 40, 46
Murmel 36

## N

Nase 122, 123
Natrium 99, 102
Natron 94-96, 100
Natronlauge 102
Nebel 47
Nerventestgerät 78
Netzhaut 55, 118
Nickel 72, 75
Nordsee 37

## O

Oberflächenspannung 16
Objektiv 57
Oersted, Hans Christian 81, 82
Ohr 41, 120, 121
Okular 57
Öl 17, 18 (siehe auch Mineralöl)
Ölpest 18
Optische Täuschungen 63, 122
Osmose 116
Osmotischer Druck 116
Ozean 29
Ozeandampfer 22, 23

## P

Parfümzerstäuber 13
Pendel 71
Penicillin 117
Periskop 49
Pflanzen 6, 32, 106, 109, 114, 117
Photosynthese 114
Pilze 116, 117
Pipette 9
Plastik 36, 80, 88
Pluspol 77, 100
Pottasche 99
Pyramide 67

## Q

Qualle 13
Quecksilber 14, 24, 28
Quecksilberthermometer 14

## R

Rad 64
Radieschen 109, 110
Raketen 13
Rasierklinge 16
Raumfähren 13
Reagenzien 96, 100
Regenbogen 57, 59
Reibung 35, 64-66
Reibungselektrizität 88
Resonanz 44
Rolle 68
Rollreibung 64
Römer 42
Rost 92, 93
Rotkohl 93, 94
Rückstoß 13
Ruß 50, 92, 103

## S

Salz 20, 21, 23, 24, 28, 34, 39
Salzmoleküle 20, 21
Salzseen 24
Salzsole 39
Salzwasser 24, 39
Samen 107, 109
Samenkorn 106
Sammellinse 54-56
Sauerstoff 6, 28, 92, 93, 100, 101, 114, 115
Saughaken 9
Saugheber 10, 11
Säure 94, 97
Schall 40-45, 121
Schallquelle 120
Schallwellen 40, 42, 43, 45
Scharbockskraut 113
Schatten 61
Scheinwerfer 55
Schiefe Ebene 64, 67
Schiffe 22
Schimmel 116
Schlämmkreide
Schmelzpunkt 28, 29
Schraube 66
Schweiß 31
Schwerkraft 10, 12, 25, 110, 115
Sehnerv 55, 118
Sehtafel 120

# ABC Stichwortverzeichnis 127

Sehzellen 55, 119
Seife 17, 18, 94
Sellerie 113
Serpentinen 67
Siedepunkt 28, 29
Silber 23
Sindbad der Seefahrer 75
Soda 94
Solarzellen 86
Sole (siehe Salzsole)
Sonne 46, 53, 113
Sonnenblumen 113
Sonnenkraftwerk 53
Sonnenlicht 114
Sonnenuntergang 61, 62
Speiseeis 39
Spiegel 48, 53, 54
Spiegelbild 48
Spiritus (siehe Brennspiritus)
Sporen 117
Sporenbildner 116, 117
Spraydose 13
Spross 109, 111
Spule 83, 85, 86
Spülmittel (siehe Geschirrspülmittel)
Stabmagnet 74, 83
Stahl 76
Stalagmit 98
Stalaktit 98
Stärke 66, 100
Statische Elektrizität 88
Stickstoff 6, 93
Stille Verbrennung 93, 97
Stoppuhr 42, 43
Strohhalm 9
Strom 72, 77-89
Stromkreis 77-79
Styropor 36, 37
Subtraktive Farbmischung 59, 60
Südpol (geographisch) 27

## T

Tannenzapfen 32
Tee 19, 21, 30
Telefon 42, 45
Temperatur 26
Thermometer 14, 26, 28
Thixotropie 67
Tinte 103
Tischtennisball 11, 12
Titanic 29
Totalreflexion 50
Totes Meer 24
Tränenflüssigkeit 120
Treibgas 13
Trinknapf 8
Tropfsteinhöhle 98
Turbine 35, 87
Tyndall-Effekt 61

## U

Übersetzung 69
Ultraschall 43
Ultraviolettes Licht 57
Unendlichkeit 49
Unkräuter 110
Unterseeboot 49
Untersetzung 69

## V

Verbindung, chemische 102
Verdunstung 30, 31, 34
Vergissmeinicht 95
Vogelfeder 17
Volumen 28, 29, 35
Vulkane 27

## W

Waage 7
Wale 42
Wärme 26, 36, 39, 92
Wärmeleiter 36, 37, 39
Wärmeleitfähigkeit 36, 37
Wäscheschleuder 25
Waschpulver 18
Wasser 6, 16-25, 26, 28-35, 92, 100-102
Wasserdampf 6, 26, 28, 29, 32, 35, 92
Wasserläufer 16
Wassermoleküle 6, 17, 19, 20, 101, 116
Wasserpest 114
Wasserstoff 92, 101, 102
Wasservögel 17
Wein 117
Weinstock 115
Windrad 14
Wolken 32
Wurzeln 110, 111, 115
Wüste 34, 38

## Z

Zement 96
Zerstreuungslinse 54
Zigarette 37
Zigarettenasche 103
Zink 86
Zitrone 86
Zitronensaft 98
Zucker 20, 21, 100, 102, 103, 105, 114
Zuckermoleküle 20, 21, 116
Zuckerwasser 115
Zugspitze 11
Zunge 122, 123
Zustandsformen 28